Blockchain e Smart Contracts

Blockchain e Smart Contracts
IMPLICAÇÕES JURÍDICAS

2021

João Pedro Freire
Advogado e Mestre em Direito Empresarial

BLOCKCHAIN E SMART CONTRACTS
AUTOR
João Pedro Freire
EDITOR
EDIÇÕES ALMEDINA, S.A.
Rua Fernandes Tomás, n.ᵒˢ 76, 78 e 80
3000-167 Coimbra
Tel.: 239 851 904 · Fax: 239 851 901
www.almedina.net · editora@almedina.net
DESIGN DE CAPA
FBA.
CAPA
EDIÇÕES ALMEDINA, S.A.
PRÉ-IMPRESSÃO
EDIÇÕES ALMEDINA, S.A.
IMPRESSÃO E ACABAMENTO

, 2021
DEPÓSITO LEGAL
....

Os dados e as opiniões inseridos na presente publicação são da exclusiva responsabilidade do(s) seu(s) autor(es).
Toda a reprodução desta obra, por fotocópia ou outro qualquer processo, sem prévia autorização escrita do Editor, é ilícita e passível de procedimento judicial contra o infrator.

Biblioteca Nacional de Portugal – Catalogação na Publicação

FREIRE, João Pedro

Blockchain e smart contracts : implicações
jurídicas. – (Monografias)
ISBN 978-972-40-9688-9

CDU 34

LISTA DE ABREVIATURAS, ACRÓNIMOS E SIGLAS

§	parágrafo
AI	artificial intelligence/inteligência artificial
al./als.	alínea/alíneas
AT	Autoridade Tributária e Aduaneira
CC	Código Civil
CDADC	Código do Direito de Autor e dos Direitos Conexos
Cf.	Conforme
CFTC	Commodity Futures Trading Commission
CMVM	Comissão do Mercado de Valores Mobiliários
CP	Código Penal
CPC	Código de Processo Civil
CRCom	Código do Registo Comercial
CRP	Constituição da República Portuguesa
CRPredial	Código do Registo Predial
CSC	Código das Sociedades Comerciais
CVM	Código dos Valores Mobiliários
DAO/s	Decentralized Autonomous Organization/s
dl	decreto-lei
DLT/s	Distributed Ledger Technology/Technologies
ESIGN	Electronic Signature in Global and National Commerce Act
ESMA	European Securities and Markets Authority
EUA	Estados Unidos da América
ex.	exemplo/por exemplo
GB	Gigabytes

ICO/s	Initial Coin Offering/s
IoT	Internet of Things
(C)IRC	(Código do) Imposto sobre o Rendimento das Pessoas Colectivas
(C)IRS	(Código do) Imposto sobre o Rendimento das Pessoas Singulares
(C)IVA	(Código do) Imposto sobre o Valor Acrescentado
KB	Kilobytes
MB	Megabytes
n.º	número
p./pp.	página/páginas
QR	Quick Response
RFID	Radio-Frequency Identification
RGICSF	Regime Geral das Instituições de Crédito e Sociedades Financeiras (dl n.º 298/92, de 31 de Dezembro)
RGPD	Regulamento Geral sobre a Proteção de Dados (Regulamento (UE) n.º 679/2016, de 27 de Abril)
SegWit	Segregated Witness
SHA	Secure Hash Algorithm
ss.	seguintes
TJUE	Tribunal de Justiça da União Europeia
TWh	Terawatt-hora
UCC	Uniform Commercial Code
UE	União Europeia
UETA	Uniform Electronic Transaction Act
ULC	Uniform Law Commission
U.S.SEC	United States Securities and Exchange Commission
vol.	volume

NOTA PRÉVIA

Esta obra corresponde, com pequenas alterações, à dissertação apresentada pelo próprio para efeitos de obtenção do título de Mestre em Direito e Prática Jurídica na vertente de Direito da Empresa pela Faculdade de Direito da Universidade de Lisboa.

Gostaria de agradecer ao Professor Doutor António Barreto Menezes Cordeiro, meu orientador nesta dissertação, que me introduziu ao tema e sem o qual esta obra não seria possível.

RESUMO

Esta dissertação apresenta as componentes técnicas da Blockchain e dos smart contracts. Procura ainda identificar problemas jurídicos levantados por estas e oferecer soluções.

A Blockchain é uma tecnologia distribuída e descentralizada de registo eletrónico de dados. A inovação trazida pela tecnologia Blockchain é a possibilidade de cada utilizador ter uma cópia do seu registo imutável, registar informação nela e participar no seu governo. Privilegia, por regra, a transparência e elimina, teoricamente, a necessidade de intermediários ajudando a reduzir custos. A descentralização da Blockchain consiste na dissipação do controlo sobre ela. Devido à criptografia utilizada na Blockchain, esta é considerada segura. Quando à Blockchain se aliam smart contracts, as possibilidades de utilização aumentam. Os smart contracts são código que se autoexecuta e pode ser utilizado para diversas realidades como a redacção de contratos automatizados.

Todavia estas tecnologias comportam também riscos, pois podem ser utilizadas para práticas ilegais. Mais, erros e falhas no código acontecem e quando acontecerem (como já aconteceu) como reagirá a rede de utilizadores?

A Blockchain e os smart contracts levantam inúmeras questões. Como conciliar a imutabilidade da Blockchain e a necessidade de alteração desta por terem sido introduzidas informações erradas? Qual o âmbito da responsabilidade dos programadores e utilizadores destas tecnologias? Existe efetivamente descentralização se diversos utilizadores se agruparem de forma a controlarem, na prática, as regras e a informação que entra na Blockchain? Até que ponto poderá a lei regular código?

Devido à novidade destas tecnologias a regulamentação destas ainda é escassa havendo um longo caminho a percorrer. Quando se compreender melhor todas as suas potencialidades poder-se-á regulá-las melhor. Até haver uma compreensão plena destas tecnologias será melhor atender aos princípios gerais de Direito como meio de integração no sistema jurídico e identificar as jurisdições e autoridades competentes para acompanhar a evolução destas.

PALAVRAS-CHAVE: Blockchain, Código, Contratos Inteligentes, Direito

ABSTRACT

This thesis shows the technical components of Blockchain and smart contracts. Then it looks to identify legal issues raised by these new technologies and present solutions.

Blockchain is a distributed and decentralized electronic ledger technology. The innovation in Blockchain is the possibility that each node has to manage a copy of the Blockchain's immutable record, register information, as well as participate in its governance. It privileges transparency and eliminates, theoretically speaking, the need for a trusted third party bringing the costs down. The decentralization of Blockchain aims to dissipate control over it. Due to cryptography, it is also considered safe. When fusing Blockchain and smart contract technologies, the possibilities of application rise. Smart contracts are code that self executes and can be used for different purposes like the creation of self executing contracts.

But these technologies also have risks, because they can be used for ilegal activities. Moreover, mistakes and flaws in the code can happen and when they do (like they already have) how will the network react?

Blockchain and smart contracts raise numerous questions. How to reconcile the immutability of the Blockchain and the need to change it due to the wrongful introduction of information? What is the scope of programmers and users liability relating to these technologies? Is there actually decentralization on the blockchain, if different nodes get together to control the rules and information that enters the Blockchain? To which degree can the law regulate code?

Due to the novelty of these technologies, its regulation is still slim. There's still a long road ahead. When we get a better sense of all these technologies' potential abilities, it will be possible to regulate them better. Until we fully understand these technologies, it would be better if we looked for the general principles of Law as a means of integration and identify the competent jurisdictions and authorities to accompany the evolution of such technologies.

KEYWORDS: Blockchain, Code, Law, Smart Contracts

ÍNDICE

1. Introdução 15

2. A Blockchain: noções fundamentais. 17

3. A ciência por detrás da tecnologia Blockchain 21

    3.1. O protocolo. 21

    3.2. Os utilizadores. 25

    3.3. Os blocos 28
        3.3.1. A informação 30
        3.3.2. Os mecanismos de obtenção de consenso 31
        3.3.2.1. Proof of Work 32
        3.3.2.2. Proof of Stake 44

4. Os Smart Contracts 47

5. Aplicações práticas da tecnologia Blockchain e dos Smart Contracts:
    possibilidades e fragilidades. 53

6. Iniciativas de regulação destas tecnologias 67

7. Questões jurídicas levantadas pela tecnologia Blockchain. 79

    7.1. Em concreto: Qual a natureza jurídica da Blockchain?. 83

8. O Smart Contract Code: Qual o papel do Direito? 89

BLOCKCHAIN E SMART CONTRACTS

9. Smart Legal Contracts vs Contratos 91

9.1. A terminologia jurídica e o Smart Contract Code: flexibilidade
versus rigidez 91

9.2. O fim dos tribunais!? 94

9.3. Haverá necessidade de um novo quadro regulatório?
Questões jurídicas levantadas pelos Smart Contracts 97

10. Responsabilidade na Blockchain 105

10.1. Responsabilidade dos utilizadores em geral. 106
10.1.1. Em concreto: a responsabilidade dos miners. 110
10.1.2. Em concreto: a responsabilidade dos intermediários 112

11. Responsabilidade nos Smart Contracts 115

11.1. Responsabilidade no Smart Contract Code 116

11.2. Responsabilidade nos Smart Legal Contracts. 118

12. Conclusão 121

Bibliografia 125

1. Introdução

Tendo em conta a dificuldade que o tema apresenta será objetivo desta dissertação explicar a matéria de forma bastante clara. Por isso não se irá assumir que o leitor sabe detalhadamente toda a tecnologia subjacente à Blockchain e aos smart contracts, pelo que se irá proceder à sua explicação. Outro objetivo, também ele essencial, é a interligação da ciência com o Direito. Para tal a presente dissertação irá dedicar-se à compreensão da tecnologia Blockchain e dos smart contracts, aos problemas levantados por estas tecnologias e ao papel do Direito na regulação das mesmas. Faço uma nota para dizer que atendendo à particularidade do tema em causa, a presente dissertação fará uso de vários conceitos técnico-científicos e terminologias anglo-saxónicas, procurando esclarecer os mesmos.

A escolha deste tema resulta da actualidade do mesmo e do seu potencial disruptivo no âmbito das tecnologias de registo de informação (no caso da Blockchain)[1] e execução automatizada de instruções (no caso dos smart contracts). Tendo em conta a relativa novidade das matérias em causa,

---

[1] Cf. entre muitos outros: European Parliament, **How blockchain technology could change our lives**, 2017, disponível em: https://www.europarl.europa.eu/RegData/etudes/IDAN/2017/581948/EPRS_IDA(2017)581948_EN.pdf; UK Government Office for Science, **Distributed Ledger Technology: beyond block chain**, 2016, pp. 53 a 62, disponível em: https://assets.publishing.service.gov.uk/government/uploads/system/uploads/attachment_data/file/492972/gs-16-1-distributed-ledger-technology.pdf; MCKINSEY & COMPANY – **How blockchains could change the world**, [entrevista a Don Tapscott], 2016, disponível em: https://www.mckinsey.com/industries/high-tech/our-insights/how-blockchains-could-change-the-world#

a legislação e literatura sobre estes temas (sobretudo em português) ainda é escassa, focando-se sobretudo na utilização da tecnologia Blockchain para criação e circulação de criptomoedas e activos digitais e na utilização conjunta desta com smart contracts na sua aplicação em plataformas para criação de aplicações descentralizadas.

Seja como for, imagino que o leitor acabe esta dissertação com mais perguntas que respostas, mas espero que com ela consiga perceber melhor as tecnologias em questão, os problemas jurídicos que estas levantam e reflita sobre os mesmos.

2. A Blockchain: noções fundamentais

Antes de mais nada, o que é a Blockchain?

A Blockchain é, em termos gerais, uma tecnologia distribuída e descentralizada de registo eletrónico de dados. É distribuída, ou seja, os utilizadores da Blockchain têm uma cópia actualizada da informação nela armazenada e é descentralizada, porque nenhuma entidade controla a Blockchain, sendo antes os utilizadores que, em conjunto, controlam a informação que entra nesta. Por contraste, as redes centralizadas caracterizam-se por haver uma entidade que controla e detém a informação armazenada. Trata-se, portanto, de uma base de dados digital partilhada por um conjunto de utilizadores[2], que tem como alicerce a Internet. A Blockchain consegue criar confiança entre partes que não se conhecem, sem necessidade de um intermediário, devido às suas características[3].

A informação é armazenada em blocos, ligados entre si, tornando a informação imutável. Os blocos são armazenados cronologicamente e protegidos por meio de criptografia[4]. Uma característica da Blockchain é que os dados lá

---

[2] Apesar da Blockchain ser descentralizada e distribuída, a tecnologia pode ser empregada em sistemas centralizados como forma de assegurar a integridade dos dados, utilizadores e/ou reduzir custos operacionais. Cf. Binance Academy, **Blockchain**, disponível em https://www.binance.vision/glossary/blockchain

[3] Estas serão desenvolvidas no capítulo 3.

[4] A criptografia é a ciência que estuda como esconder ou encriptar informação. A informação é encriptada quando se transforma determinada informação em código como meio de a proteger, escondendo-a atrás de um código que só pode ser descodificado através da utilização de uma chave de desencriptação (chave que converte o código novamente em informação).

inseridos não podem ser alterados ou apagados, conferindo a esta um elemento de segurança adicional. Esta tecnologia permite verificar e controlar muita informação de diversa natureza, desde direitos de propriedade a informação fiscal, registos médicos, e muitos outros.

Mas como funciona esta tecnologia?

A Blockchain chama-se exatamente Blockchain porque consiste, literalmente, numa cadeia de blocos. Cada bloco conterá um aglomerado de informação (data), um identificador do bloco (hash) e um hash associado ao bloco imediatamente anterior na cadeia. A única exceção é o bloco inicial que não terá o hash associado ao bloco imediatamente anterior na cadeia, por tal não existir.

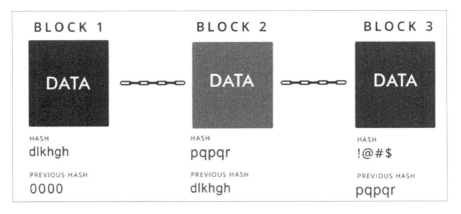

Figura 1: Imagem ilustrativa de uma Blockchain. Retirada de: https://www.blockchainexpert.uk/blog/how-does-blockchain-work

Agora, o que é um hash?

Um hash é como que um aglomerado de caracteres que identifica determinado bloco (como que a sua própria impressão digital) e este serve exatamente para identificar cada bloco e determinar a sua ordem na Blockchain conjuntamente com os selos temporais/timestamps que indicam o tempo a que o bloco foi criado. Assim o bloco 2 contém o hash que identifica o bloco 1 bem como o seu próprio hash identificador. Portanto o hash é o elemento de ligação entre os blocos.

Não obstante o que foi dito até agora aproveito para referir que, sem prejuízo destes traços caracterizadores, estamos perante uma tecnologia fluída que pode ter diversas variantes desde que se trate, na sua génese, de uma base de registo eletrónico de dados descentralizada e distribuída. Por isso, ao longo desta dissertação ir-me-ei referir à Blockchain e às diversas variantes que esta pode assumir como tecnologia Blockchain por motivos de facilidade expositiva.

3. A ciência por detrás da tecnologia Blockchain

Passada esta introdução sobre o que é a Blockchain cabe agora aprofundar mais o funcionamento desta tecnologia. Para isso há que compreender o que a caracteriza.

3.1. O protocolo

O protocolo consiste no conjunto de regras pelas quais a Blockchain funciona. Como o protocolo é um conjunto de regras definidas em linguagem de programação[5], este pode governar a Blockchain com a ajuda dos seus utilizadores. Por isto deixa de ser necessário intermediários, se bem que estes podem existir para, por exemplo, facilitar a experiência do utilizador. Quem cria/define o protocolo são os criadores da plataforma. Dentro dos inúmeros protocolos existentes, irei desenvolver aqui os dois protocolos mais emblemáticos e revolucionários desenvolvidos sobre a tecnologia Blockchain: o protocolo Bitcoin e o protocolo Ethereum.

A Bitcoin foi criada em 2008 por uma pessoa ou conjunto de pessoas anónimas que utilizam o pseudónimo Satoshi Nakamoto. A Bitcoin é uma rede descentralizada de pagamentos[6] que utiliza a tecnologia Blockchain

---

[5] Existem diversas línguas de programação e estas são o meio utilizado para comunicar instruções a um computador.

[6] Cf. Pedro Martins, **Introdução à Blockchain – Bitcoin, Criptomoedas, Smart Contracts, Conceitos, Tecnologia, Implicações**, 2018, FCA, p. 55

para operar a rede e registar os ditos pagamentos. Esta rede permite que os seus utilizadores transacionem bitcoins entre si sem qualquer intermediário, permitindo, por exemplo, reduzir os custos de transacção. Os pagamentos efetuados nesta plataforma são feitos através da criptomoeda bitcoin[7]. As criptomoedas ou moedas virtuais são activos cujo valor patrimonial oscila em função da confiança que os utilizadores depositam nelas[8]. O Internal Revenue Service (é o equivalente à Autoridade Tributária dos EUA) define-as como sendo uma representação digital de valor, utilizadas como um meio de troca, unidade de conta e/ou armazenamento de valor[9].

A bitcoin é gerada pela própria rede através do fenómeno de mining[10], como forma de recompensa pelo trabalho dos miners. A descentralização na Bitcoin é alcançada através do mecanismo de obtenção de consenso designado proof of work, que será desenvolvido mais à frente nesta dissertação[11]. Este mecanismo permite aos utilizadores concentrarem uma visão unitária da Blockchain, sem terem uma unidade central que a supervisione. À data da realização desta dissertação uma bitcoin vale, sensivelmente, dez mil dólares ou, fazendo a conversão de dólares para euros, nove mil euros[12].

Por sua vez, a Ethereum foi criada em 2014 por Gavin Wood, Joseph Lubin e Vitalik Buterin. A Ethereum é uma plataforma de software construída sobre a tecnologia Blockchain que permite criar aplicações distribuídas e descentralizadas[13]. As aplicações são distribuídas e descentralizadas, porque, como já disse no capítulo 2, os utilizadores guardam uma cópia da informação das aplicações nos seus dispositivos e não são controladas por nenhuma entidade concreta. Dentro da Ethereum existe uma criptomoeda em circulação

---

[7] Faço aqui uma nota para salientar que ao longo desta dissertação quando referir Bitcoin (com B maiúsculo) estarei a falar desta enquanto plataforma/protocolo. Já quando disser bitcoin (com b minúsculo) estarei a referir-me à bitcoin enquanto criptomoeda.

[8] Cf. Carlos Costa em **Money Conference – Banca & Seguros: O Futuro do Dinheiro** [conferência], 2018

[9] Cf. Internal Revenue Service, **Notice 2014-21,** 2014, p. 1, disponível em: https://www.irs. gov/pub/irs-drop/n-14-21.pdf

[10] Sobre o mining, ver capítulo 3.3.2.1.

[11] Ver capítulo 3.3.2.1.

[12] Para consulta do valor da bitcoin, ver: Blockchain, https://www.blockchain.com/pt/prices. Valores consultados em Fevereiro de 2020.

[13] Cf. District0x Educational Portal, **What is Ethereum?,** disponível em: https://education. district0x.io/general-topics/understanding-ethereum/what-is-ethereum/

chamada ether. A Ethereum mantém um registo das aplicações e programas de computador criados na plataforma[14]. Assim o âmbito de aplicação da Ethereum é potencialmente muito maior que o da Bitcoin, uma vez que pode abranger todo o tipo de serviços desde registos eleitorais, financeiros, médicos e executar os mais variados contratos (smart contracts) através de programas de computador, que podem ser utilizados, por exemplo, para cobrar dividas ou acompanhar a circulação de bens numa cadeia de distribuição.

Um elemento inovador da Ethereum é a introdução na Blockchain dos chamados smart contracts ou contratos inteligentes, que juntamente com a tecnologia Blockchain promete revolucionar a maneira como se armazena dados e executa programas de computador. Este tópico será desenvolvido mais à frente[15].

Posto isto, pode acontecer que seja necessário ou, pelo menos, útil actualizar o software[16] da Blockchain para, por exemplo, melhorar o desempenho e a qualidade geral da Blockchain. Nesse caso surgem os hard ou soft forks. De notar que os forks/ramificações na Blockchain podem ter três razões de ser. Primeiro pode haver uma mudança no protocolo através de um hard ou soft fork, seja para adicionar características à Blockchain, alterar a capacidade de armazenamento dos blocos, mudar as regras de consenso, ou resolver problemas na Blockchain, entre outros. Segundo, pode ocorrer uma divergência na Blockchain originando duas Blockchains, a partir daí, independentes, escolhendo os utilizadores qual a Blockchain que adotam. Terceiro, pode haver uma ramificação temporária devido ao mining de blocos ao mesmo tempo[17]. Voltando aos hard e soft forks, é através destes que se actualiza o software da Blockchain, através de programação.

Um hard fork acontece quando ocorre uma alteração, por exemplo, a uma ou mais regras do protocolo, de tal forma que os utilizadores da versão anterior

[14] Cf. District0x Educational Portal, **What is Ethereum?**, disponível em: https://education.district0x.io/general-topics/understanding-ethereum/what-is-ethereum/
[15] Ver capítulo 4 e 5.
[16] O software da Blockchain serve para a proteger e para o utilizador poder aceder ao registo da mesma. O protocolo é parte integrante do software, mas não o inverso. Cf. Nate Maddrey, **Blockchain Forks Explained**, 2018, Digital Asset Research, disponível em: https://medium.com/digitalassetresearch/blockchain-forks-explained-8ccf304b97c8
[17] Irei desenvolver mais a questão das ramificações temporárias no capítulo 3.3.2.1. Em concreto nas páginas 24 a 26.

do protocolo não aceitam como válidos os blocos validados pelos utilizadores que actualizaram o protocolo e vice-versa, por as regras colidirem e assim não podem obter consenso[18]. Sendo assim os utilizadores terão que fazer uma escolha: actualizar ou não o software. O hard fork origina assim uma ramificação permanente da Blockchain, a não ser que todos os utilizadores adotem a nova actualização, o que é estatisticamente improvável. Por isso e em regra haverá os utilizadores que manterão o software antigo e outros que o irão actualizar. A partir daí os seus caminhos separam-se. Os soft forks divergem dos hard forks na medida em que os primeiros são compatíveis com versões anteriores do software da Blockchain[19]. Ou seja, os utilizadores não têm que actualizar o software da Blockchain para poderem fazer parte da mesma na sua plenitude. Quer isto dizer que a Blockchain se mantém una.

Uma questão que pode resultar do que foi dito até agora é quem é que cria/decide estas ramificações. Pois bem, estas ramificações podem ser inicialmente pensadas pelos criadores/programadores da plataforma ou então podem resultar de discussão/interação entre stakeholders como os próprios programadores, utilizadores ou miners, que pensam que tal proposta é boa para o futuro da Blockchain e, portanto, recomendam-na para o resto dos stakeholders que depois, em conjunto, implementam ou não tal proposta[20].

Estes forks podem, todavia, ser uma ferramenta de governo ineficiente. Isto exatamente por se basearem num modelo democrático, no qual grande parte dos stakeholders poderá não perceber as vantagens de uma alteração ou simplesmente não estar interessada em informar-se devidamente. Isto poderá originar a preponderância da opinião de partes institucionais e sofisticadas na decisão de adoção de forks[21].

---

[18] Sobre a importância da obtenção do consenso na Blockchain ver capítulo 3.3.2.

[19] Cf. MyCryptopedia: Educating the World on Cryptocurrency, **Blockchain Soft Fork & Hard Fork Explained**, 2018, disponível em: https://www.mycryptopedia.com/hard-fork-soft-fork-explained/

[20] Cf. MyCryptopedia: Educating the World on Cryptocurrency, **Blockchain Soft Fork & Hard Fork Explained**, 2018, disponível em: https://www.mycryptopedia.com/hard-fork-soft-fork-explained/

[21] Cf. Jeremy M. Sklaroff, **Smart Contracts and the Cost of Inflexibility**, 2017, University of Pennsylvania Law Review, vol. 166, p. 300, disponível em: https://papers.ssrn.com/sol3/papers.cfm?abstract_id=3008899

3.2. Os utilizadores

Os utilizadores ou nodes (no vocabulário anglo-saxónico) são uma parte essencial da Blockchain. Com efeito se uma Blockchain não tem utilizadores não tem propósito de existência. Mais, sem os utilizadores não se poderia aceder à informação na Blockchain. Isto porque a Blockchain não tem existência autónoma dos utilizadores. Quero com isto dizer que a Blockchain "vive" no dispositivo dos utilizadores. Cada utilizador tem uma cópia da Blockchain armazenada num seu dispositivo (como computadores, smartphones ou tablets) e actualiza-a regularmente com os blocos mais recentes, de forma a manter a sua cópia actualizada. Os utilizadores podem também possivelmente verificar a validade dos blocos, aceitando-os ou rejeitando-os e ainda armazenar, distribuir e preservar a informação constante da Blockchain.

Os utilizadores podem ser de diferentes tipos e servir as mais variadas funções, não existindo uma enumeração taxativa destes. Portanto, sem prejuízo de uma possível enumeração mais exaustiva, são tipos de utilizadores: os full nodes, os lightweight nodes, os master nodes, os miner nodes e os super nodes. Um full node tem uma cópia do registo completo da Blockchain armazenado em qualquer dispositivo seu. São os full nodes que suportam e protegem a rede Blockchain. Eles verificam a validade da informação e dos blocos e podem também transmitir os blocos pelos diversos utilizadores da rede[22]. Cabe aos full nodes proteger a Blockchain e garantir que as regras definidas pelo protocolo estão a ser seguidas[23]. Os lightweight nodes utilizam a rede, mas não contribuem para a segurança da mesma. Estes não têm uma cópia inteira da Blockchain, antes acedendo aos dados nela contidos através dos full e super nodes que lhes transmitem a informação[24]. Algumas Blockchains têm master nodes. Para além de poderem armazenar, transmitir e validar informação, os master nodes podem também fazer cumprir o protocolo da Blockchain em causa. Os master nodes são um tipo de full node e estão geralmente sempre

---

[22] Cf. Bitcoin Core, **Running a Full Node**, disponível em: https://bitcoin.org/en/full-node#what-is-a-full-node

[23] Cf. Binance Academy, **What are Nodes?**, 2019, disponível em https://www.binance.vision/blockchain/what-are-nodes

[24] Cf. Binance Academy, **What are Nodes?**, 2019, disponível em https://www.binance.vision/blockchain/what-are-nodes

online e têm muito mais memoria providenciando por isso mais capacidade de armazenamento que utilizadores normais, para além de contribuírem para o governo da Blockchain[25]. Para além das funções normais de um full node, os master nodes ainda contribuem para a celeridade e privacidade de transacções na Blockchain[26]. Os miner nodes ou miners como diz o nome fazem o mining de blocos, podendo fazê-lo sozinhos (solo miners) ou em grupo (pool miners)[27]. Os miners são um tipo de full node, que selecionam informação apta a fazer parte de um novo bloco. Se os miners não fossem full nodes não poderiam aferir da validade da informação, de acordo com o registo da Blockchain. Para o fazerem têm que ter uma cópia completa da Blockchain e por isso os miners são sempre full nodes[28], mas o inverso já não é verdade, ou seja um full node pode não ser um miner apenas armazenando, recebendo e transmitindo blocos, sem os criar. Os super nodes são também um tipo de full node e têm como função principal serem um ponto de ligação entre utilizadores distribuindo o registo da Blockchain por utilizadores em todo o mundo[29].

Aos utilizadores de uma Blockchain é atribuído um par de chaves: uma chave pública/public key e uma chave privada/private key[30]. Estas chaves são importantes pois é através delas que os utilizadores interagem com a Blockchain, seja através da chave pública que utilizam para serem identificados e poder interagir com a Blockchain (seja contactando ou sendo contactados por utilizadores, enviar informação, entre outros), seja através da chave privada

---

[25] Cf. Coinmonks, **Blockchain: What are nodes and masternodes?**, 2018, disponível em: https://medium.com/coinmonks/blockchain-what-is-a-node-or-masternode-and-what-does-it-do-4d9a4200938f

[26] Cf. Summit Blockchain, **What are Blockchain Masternodes**, 2019, disponível em: https://summitblockchain.io/blockchain-masternodes/

[27] Faço uma nota para dizer que este tipo de utilizadores só existe nos mecanismos de obtenção de consenso onde se faça o mining de blocos como o mecanismo proof of work. Mais uma vez este tópico será desenvolvido mais à frente no capítulo 3.3.2.1.

[28] Cf. Coinmonks, **Blockchain: What are nodes and masternodes?**, 2018, disponível em: https://medium.com/coinmonks/blockchain-what-is-a-node-or-masternode-and-what-does-it-do-4d9a4200938f

[29] Cf. Binance Academy, **What are Nodes?**, 2019, disponível em https://www.binance.vision/blockchain/what-are-nodes

[30] Um exemplo de uma public key será o nome de utilizador/username, ao passo que a private key será a senha de acesso/password.

que utilizam, por exemplo, para assinar transacções[31]. Estas chaves são um sistema de criptografia chamado de criptografia assimétrica e, como tal, servem também para os utilizadores poderem encriptar mensagens e confirmar a autenticidade das mesmas. A mensagem é encriptada quando um utilizador envia uma mensagem para outro utilizador (para a chave pública deste). A partir daqui só o utilizador que tenha a chave privada correspondente pode ler a mensagem.

Os utilizadores contribuem para a segurança da Blockchain. Quantos mais full nodes uma Blockchain tiver, mais protegida estará contra potenciais hackers[32]. Quando a informação da Blockchain estiver espalhada entre muitos dispositivos, será muito difícil a qualquer entidade corruptora apagar toda a informação dela constante. Mesmo que muitos utilizadores fiquem offline de repente e, portanto, se tornem inacessíveis, um único full node pode, teoricamente, manter uma Blockchain operacional. E mesmo que todos os utilizadores fiquem offline, só será necessário que um full node com o registo completo da Blockchain fique outra vez online para que toda a informação constante da Blockchain fique acessível outra vez[33]. Mais, um utilizador que atue contrariamente ao protocolo será apanhado pelos outros utilizadores e consequentemente desconectado da Blockchain e se um hacker tentar modificar a informação registada na Blockchain, tal pode ser muito dispendioso e basta que um utilizador tenha uma cópia da Blockchain correta para a poder transmitir aos demais utilizadores.

---

[31] Cf. Konstantinos Christidis; Michael Devetsikiotis, **Blockchains and Smart Contracts for the Internet of Things**, 2016, p. 2293, disponível em https://ieeexplore.ieee.org/document/7467408

[32] Hackers são vulgarmente conhecidos como pessoas que utilizam as suas habilidades de programação para encontrar erros ou deficiências num programa informático e utilizarem-nos para entrar ilicitamente nesses programas. Tendo em conta que as Blockchains são na sua essência programas informáticos criados e alicerçados em código, é essencial que este seja muito bem construído para se conseguir proteger de hackers.

[33] Cf. Coinmonks, **Blockchain: What are nodes and masternodes?**, 2018, disponível em: https://medium.com/coinmonks/blockchain-what-is-a-node-or-masternode-and-what-does-it-do-4d9a4200938f

Agora a questão que se impõe é quem pode ser utilizador?

Como acabámos de ver, ser um utilizador implica muitas vezes uma posição activa na Blockchain, por isso é razoável perguntar se existem critérios para ser utilizador. Como ponto de partida é importante referir que as Blockchains podem ser abertas ao público ou não. Por isso é usual fazer a distinção entre permissioned e permissionless Blockchains. Nas permissioned Blockchains o acesso às mesmas é condicionado por uma autorização que terá que ser obtida para se poder aceder à Blockchain (tal pode ser o caso de empresas que estabelecem entre si uma Blockchain comum para troca transparente e segura de informação). Por sua vez as permissionless Blockchains são abertas ao público, ou seja, não carecem de autorização e, portanto, qualquer pessoa (singular ou colectiva) pode ser um utilizador desde que tenha meios para isso (é o caso da Bitcoin e Ethereum). É claro que os parâmetros de acesso à Blockchain variarão consoante o protocolo, a plataforma em causa e os seus fins (seja para aplicações da tecnologia em criptomoedas, localização de inventário, votação online, entre muitos outros). Por isso, em princípio, desde que a pessoa tenha meios para isso poderá operar qualquer tipo de node numa permissionless Blockchain. Por exemplo, podem ser miners todos os utilizadores ou só alguns, sendo que esta decisão cabe apenas aos próprios utilizadores que devem decidir individualmente se querem ou não ser miners. Quanto aos masternodes, para se poder operar um é usual requerer que o seu dono deposite uma quantia mínima (normalmente de grande dimensão) de criptomoeda como garantia. Se o master node violar as regras da Blockchain perderá tal garantia[34]. Esta garantia serve assim para dissuadir potenciais comportamentos desonestos e nocivos dos master nodes para com a rede.

3.3. Os blocos

Os blocos são outra parte essencial da Blockchain, uma vez que são os blocos que armazenam a informação constante da Blockchain. Cada bloco conterá

---

[34] Cf. Coinmonks, **Blockchain: What are nodes and masternodes?**, 2018, disponível em: https://medium.com/coinmonks/blockchain-what-is-a-node-or-masternode-and-what-does-it-do-4d9a4200938f

informação, um hash e um hash associado ao bloco imediatamente anterior na cadeia, com exceção do bloco inicial da Blockchain que não terá o hash associado ao bloco imediatamente anterior na cadeia, por este não existir. Esta ligação de blocos através dos hashes dos blocos imediatamente anteriores na cadeia permite verificar a integridade da respetiva informação contida neles. Isto porque se o conteúdo do bloco sofrer a mínima alteração, o hash do mesmo será consequentemente alterado.

A capacidade de armazenamento de informação por bloco é limitada e a sua definição compete ao protocolo. Por exemplo, na Bitcoin o limite de informação armazenada por bloco é de 1 MB[35]. Na Ethereum, contudo, a capacidade de armazenamento de informação por bloco não depende do protocolo. Antes a informação armazenada por bloco na Ethereum depende do limite de "gas" (em inglês) que se pode utilizar por bloco.

Então o que é o gas?

O gas representa a quantidade de poder computacional necessário para executar operações na plataforma Ethereum[36]. O poder computacional traduz-se na quantidade de energia necessária para o processamento de operações. Estas operações podem ser, por exemplo, a execução de smart contracts, transacções avulsas, entre outras. Tal como os automóveis necessitam de combustível para andar também os miners necessitam de poder computacional para fazer estas operações. Por isso os utilizadores que queiram realizar operações pagam aos miners uma taxa de gas sob a forma de ether para estes gastarem os seus recursos nestas operações. Posta esta explicação e voltando ao limite de gas, GAVIN WOOD, co-fundador da Ethereum, define-o como sendo o valor igual à máxima quantidade de gas que deve ser utilizada para executar uma transacção concreta[37]. O mesmo definiu também a quantidade de gas necessária para diversas operações no seu yellow paper para o qual

---

[35] Cf. Blockchain, disponível em: https://www.blockchain.com/pt/charts/avg-block-size

[36] Cf. District0x Educational Portal, **What is Gas?**, disponível em: https://education.district0x.io/general-topics/understanding-ethereum/what-is-gas/

[37] Cf. Gavin Wood, **Ethereum: A Secure Decentralized Generalized Transaction Ledger Byzantium Version**, 2014, p. 4, disponível em: https://gavwood.com/paper.pdf

se remete[38]. O utilizador estabelece o máximo de gas que está disposto a pagar para adicionar a sua operação ao bloco. Todavia, são os miners que definem o limite de gas, pois são eles que determinam a quantidade total de gas que estão dispostos a utilizar para criar o bloco no seu todo. Sendo que, volto a dizer, a utilização de gas pressupõe uma compensação, na forma de Ether.

No último ano, o limite de informação armazenada por bloco na Ethereum tem variado entre os 15 e 40 KB[39]. O protocolo definirá também o ritmo de produção de blocos na Blockchain, ou seja, o tempo, em média, que um miner necessitará para produzir um bloco válido. À data da redacção desta dissertação, a Bitcoin define este tempo em, sensivelmente, 10 minutos[40], ao passo que a Ethereum define um tempo bastante mais reduzido, sendo em média produzido um bloco a cada 14 segundos[41].

Todas estas variáveis influenciam as características de uma dada Blockchain. Alguns protocolos podem optar, por exemplo, por um maior limite de capacidade de armazenamento por bloco aumentando assim a quantidade de informação armazenada num bloco, mas isto faz com que a disseminação do bloco seja feita mais lentamente, podendo levar a mais ramificações na Blockchain. Portanto, estamos perante um conjunto de variáveis que têm que ser consideradas no momento da criação do protocolo da Blockchain ou na alteração das suas regras através de um hard ou soft fork.

3.3.1. A informação

A Blockchain tem como função principal armazenar informação da mais diversa natureza, mas como é que os utilizadores controlam a informação que entra na Blockchain?

---

[38] Ver: Gavin Wood, **Ethereum: A Secure Decentralized Generalized Transaction Ledger Byzantium Version**, 2014, p. 20, disponível em: https://gavwood.com/paper.pdf
[39] Cf. Etherscan, disponível em: https://etherscan.io/chart/blocksize
[40] Cf. Blockchain, disponível em: https://www.blockchain.com/pt/charts/median-confirmation-time. Valores consultados em Fevereiro de 2020.
[41] Cf. Etherscan, disponível em: https://etherscan.io/chart/blocktime. Valores consultados em Fevereiro de 2020.

Pois bem, a informação que entra na Blockchain terá que ser informação válida. Esta validade não é mais do que a obediência da informação a regras ditadas na Blockchain pelo protocolo, ou para uma comparação jurídica, a validade não é mais que a conformidade de atos com a lei. Assim se os utilizadores da Blockchain chegarem ao consenso de que a informação é válida, irão autorizar a distribuição da informação pela rede. Se por outro lado não a considerarem válida, a mesma será descartada[42].

3.3.2. Os mecanismos de obtenção de consenso

A importância de um consenso distribuído na Blockchain é fundamental, pois é este que permite a uniformidade da Blockchain. Se não houver consenso pode, no limite, cada utilizador ficar com uma cópia diferente da Blockchain. Isto enviesa o fim da mesma que é a descentralização e distribuição de registo de dados, mas um registo uniforme e não um registo ramificado, pois tendo cada utilizador uma cópia do registo materialmente diferente das outras nenhuma delas será segura, pois a segurança inerente ao registo depende, entre outros, da uniformidade que lhe esta subjacente.

Mais, os mecanismos de obtenção de consenso protegem também a Blockchain de ataques contra a mesma[43]. Ataques como o ataque 51% e o double spending. O ataque 51% caracteriza-se pela possibilidade de determinada pessoa obter o controlo da Blockchain através da monopolização do mining. Com este controlo, tal pessoa tem o poder de recusar a receção e/ou transmissão de blocos, descartando-os, mudar a ordem das transacções, impedir a sua confirmação e reverter transacções antes consolidadas e praticar double spending[44]-[45]. O que o controlador nunca poderá fazer é criar

---

[42] Cf. Konstantinos Christidis e Michael Devetsikiotis, **Blockchains and Smart Contracts for the Internet of Things**, 2016, p. 2293, disponível em https://ieeexplore.ieee.org/document/7467408

[43] Nenhum mecanismo inviabiliza completamente a realização destes ataques, apenas os desincentiva pelo elevado custo que representam, como veremos a seguir.

[44] Cf. Binance Academy, **Sybil Attacks Explained**, 2019, disponível em https://www.binance.vision/security/sybil-attacks-explained e Cf. Binance Academy, **What is a 51% Attack**, 2019, disponível em https://www.binance.vision/security/what-is-a-51-percent-attack

[45] O Double Spending é um fenómeno que consiste na manipulação da Blockchain de forma a utilizar determinada unidade de criptomoeda em mais do que uma transacção. Por exemplo

transacções em nome de outros utilizadores, pois necessitaria da private key dos mesmos.

O consenso tem que seguir as regras definidas pelo protocolo. Existem diversos algoritmos de consenso/mecanismos de obtenção de consenso, dos quais cada Blockchain adotará um[46]. Os mecanismos de obtenção de consenso mais conhecidos, e que por isso se procederá à sua explicação, denominam-se de proof of work e proof of stake.

3.3.2.1. Proof of Work

Começando pelo mecanismo de obtenção de consenso mais difuso[47], utilizado por exemplo pela Bitcoin, no proof of work a informação é agregada e registada na Blockchain através do mining de blocos. No caso da Bitcoin, a informação agregada consiste em transacções da criptomoeda bitcoin. O proof of work protege a Blockchain contra possíveis ataques, pois para os executar seria necessário muito poder computacional e tempo para fazer os cálculos envol-vidos no trabalho de mining[48]. Estes gerariam custos que ultrapassariam a possível recompensa, desmotivando assim qualquer actuação nociva por parte de um miner[49]. Quanto às fraquezas do proof of work, são lhe apontadas os elevados custos de computação e o facto de despender bastante energia[50], que não pode ser, actualmente, aproveitada para outra actividade. Faço, contudo,

---

A só tendo 1 bitcoin usa-a para fazer uma transacção com B no valor de 1 bitcoin e depois, corrompendo a Blockchain recupera-a, para mais tarde gastar essa bitcoin num negócio com C e ficando com dois bens pelo preço de um.

[46] Cf. Binance Academy, **What is a Blockchain Consensus Algorithm?**, 2019, disponível em https://www.binance.vision/blockchain/what-is-a-blockchain-consensus-algorithm

[47] Cf. Binance Academy, **Proof of Work Explained**, 2019, disponível em https://www.bi-nance.vision/blockchain/proof-of-work-explained

[48] Cf. Binance Academy, **Proof of Work Explained**, 2019, disponível em https://www.bi-nance.vision/blockchain/proof-of-work-explained

[49] Digo de um miner e não um "mero" utilizador, pois os ataques serão forçosamente reali-zados por estes, mesmo que a mando de outrem. Isto, porque o ataque à Blockchain consubs-tancia-se, como veremos mais à frente, na substituição e criação de blocos mais depressa que o resto dos miners de forma a criar uma nova cadeia de blocos.

[50] À data da conclusão desta dissertação, a Bitcoin utiliza, sensivelmente, 85 TWh de ener-gia. Cf. University of Cambridge – Judge Business School: Cambridge Centre for Alternative Finance, **Cambridge Bitcoin Electricity Consumption Index**, 2019, disponível em https://www.cbeci.org/. Valores consultados em Fevereiro de 2020.

3. A CIÊNCIA POR DETRÁS DA TECNOLOGIA BLOCKCHAIN

uma nota para dizer que este elevado consumo de energia é intencional. Isto para gerar mais poder computacional na Blockchain como forma de a proteger contra potenciais ataques, porque como já disse, um potencial miner nocivo necessita de uma percentagem grande do poder computacional gasto na rede.

Mas então o que é o mining e como funciona?

Ora, antes de mais é importante dizer que o processo de mining é feito pelos miners, que não são mais que utilizadores da Blockchain a quem compete a execução deste processo[51]. Agora continuando para o mining em si, quando os utilizadores querem que determinada informação fique registada na Blockchain, estes enviam-na aos miners. Estes recebem e verificam a informação. Posto isto, se esta estiver conforme (ou seja, se a informação respeitar as regras do protocolo) o/os miner/s juntam-na à memory pool, que é como que um espaço de gestão temporária de memória, onde a informação fica armazenada até os miners a incluírem no seu próximo bloco. Depois agregam a informação retirada da memory pool num bloco.

Para começar a fazer o mining de um bloco[52], os miners começam por sequenciar a informação (ex: transacções), sendo que antes disso irão adicionar uma transacção base que criará X unidades de criptomoeda para recompensar o miner pelo seu trabalho. De notar que, esta transacção base será adicionada segundo os critérios do protocolo, ou seja, o valor não é discricionário, e os miners só a recebem se o bloco for aprovado a final. Isto não impede a possibilidade de os utilizadores oferecerem taxas ou um bónus como incentivo aos miners para adicionarem as suas transacções, antes da de outros, aos blocos que os miners visam fazer o mining. Depois fazem o hashing destas transacções e esses hashes são organizados em merkle trees ou hashing trees,

---

Este valor ultrapassa já o consumo de energia de alguns países. Cf. entre muitos outros: University of Cambridge – Judge Business School: Cambridge Centre for Alternative Finance, **Cambridge Bitcoin Electricity Consumption Index**, 2019, disponível em https://www.cbeci.org/comparisons/; Exame Informática, **Bitcoins consomem mais energia que Portugal em 2018**, 2019, disponível em http://exameinformatica.sapo.pt/noticias/2019-07-05-Bitcoins--consomem-mais-energia-que-Portugal-em-2018; Pplware, **Rede Bitcoin já consome mais energia que a Suíça. Será sustentável no longo prazo?**, 2019, disponível em https://pplware.sapo.pt/informacao/bitcoin-consome-mais-energia-suica/

[51] Sobre os miners remete-se para o que foi dito no capítulo 3.2.

[52] Cf. Binance Academy, **What is Cryptocurrency Mining?**, 2019, disponível em https://www.binance.vision/blockchain/what-is-cryptocurrency-mining

que não são mais que a organização de hashes em pares para serem consequentemente hashed até que se alcance o último hash também chamado root hash ou merkle root. Depois junta-se este hash, com o hash do bloco anterior e um número aleatório chamado de nonce[53] e colocam-se no cabeçalho do bloco que por sua vez é depois hashed produzindo um output (hash) que identificará o bloco e deverá começar com X zeros consecutivos consoante a dificuldade do mining. Quando este é encontrado, o miner transmite o bloco pelos utilizadores que verificam se o hash é válido e se for adicionam o bloco à sua cópia da Blockchain. Os utilizadores (e em concreto os miners) terão juntado o novo bloco à Blockchain, se começarem a trabalhar num novo bloco cujo hash do bloco anterior seja o bloco acabado de transmitir à rede[54]. Este hash é a prova do trabalho ou proof of work dos miners.

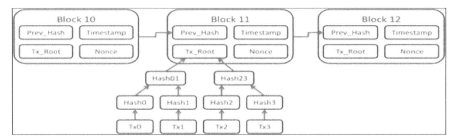

Figura 2: Imagem ilustrativa do processo de hashing no bloco 11. Retirada de: https://blockgeeks.com/wp-content/uploads/2017/08/image4.png

Contudo pode ocorrer que dois miners encontrem um hash válido para o seu bloco ao mesmo tempo, ou praticamente ao mesmo tempo. Neste caso cada um transmitirá o seu bloco para os utilizadores da rede. Isto criará uma ramificação temporária na Blockchain (temporary fork). Uns miners receberão o bloco de um miner e outros o do outro e começarão a trabalhar num novo bloco utilizando o hash do bloco recebido como hash do bloco anterior. Este

---

[53] O nonce é um número aleatório que quando é hashed com o hash do bloco, informação do bloco e hash do bloco anterior produz um output (hash) válido. Os miners terão descoberto um nonce válido quando este mais os hashes anteriores forem hashed e deles resultar um hash válido.

[54] Cf. Satoshi Nakamoto, **Bitcoin: A Peer-to-Peer Electronic Cash System**, 2008, p. 3, disponível em: https://bitcoin.org/bitcoin.pdf

problema é solucionado através da presunção do protocolo que a Blockchain mais comprida é a verdadeira. Daqui resulta que os miners continuarão a trabalhar no próximo bloco até encontrarem um hash válido para o seu bloco. Quando isto acontecer, uma ramificação da cadeia ficará maior que a outra. Então os utilizadores que tinham a cópia da Blockchain que se tornou mais curta irão trocar esta cópia pela que agora é mais comprida[55].

Por isto também é recomendado, em geral, que os utilizadores esperem por seis confirmações do bloco em causa antes de executarem as transacções nele contidas[56].

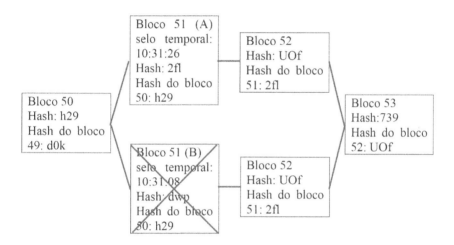

Figura 3: Nesta figura esquematizo a hipótese de dois miners distribuírem dois blocos *válidos, mas* distintos para a rede Blockchain praticamente ao mesmo tempo (os blocos 51 (A) e (B)). Depois o que aconteceu foi que um miner que recebeu o bloco (A) obteve um hash válido para o seu bloco (o bloco 52 da cadeia). Como nenhum miner que recebeu o bloco (B) transmitiu um novo bloco ao mesmo tempo, a ramificação que contem o bloco (A) ficou mais comprida e, portanto, a rede assume que esta é a versão verdadeira da Blockchain. Por isto os utilizadores que tinham a versão da Blockchain com o bloco (B) irão adotar a cópia da Blockchain verdadeira (a que tem o bloco (A)).

[55] Cf. Satoshi Nakamoto, **Bitcoin: A Peer-to-Peer Electronic Cash System**, 2008, p. 3, disponível em: https://bitcoin.org/bitcoin.pdf
[56] Cf. entre outros, Kyle Croman, et. al., **On Scaling Decentralized Blockchains (A Position Paper)**, 2016, p. 3, disponível em: https://fc16.ifca.ai/bitcoin/papers/CDE+16.pdf

Estas ramificações diferem dos hard e soft forks, na medida que os últimos alteram de forma permanente a Blockchain, pois traduzem-se numa alteração ao protocolo. Já as ramificações temporárias são, como o nome indica temporárias.

Examinando o proof of work enquanto algoritmo de consenso, deste resulta que mais poder computacional/hashing power na Blockchain traduz-se em mais segurança contra ataques a esta. Blockchains mais pequenas que utilizem o proof of work podem ficar significativamente mais vulneráveis a este tipo de ataques, pois há menos poder de computação na rede com que o miner malicioso tem de competir[57].

Agora, o que é o hashing?

O hashing é o processo através do qual se consegue gerar um output (hash) de tamanho certo através de um input (por exemplo, um ficheiro) de tamanho variável[58] e é um processo integrante do mining de blocos. A utilização deste processo juntamente com a criptografia confere aos dados na Blockchain elevados níveis de segurança, pois implica, como já disse, despender muitos recursos, o que faz com que quem queira alterar a base de dados tenha que gastar ainda mais recursos que toda a rede, o que desincentiva a actuação maliciosa dos utilizadores, pois a recompensa não irá compensar o tempo e dinheiro gastos. As fórmulas matemáticas/algoritmos de hashing (cryptographic hash functions) utilizadas para criar os hashes são deterministas, ou seja, se uma pessoa inserir determinado input obterá sempre o mesmo output. Estas tendem também a ser unilaterais (sobretudo quando a Blockchain está associada a um protocolo de criptomoedas, como por exemplo a Bitcoin). Quer isto dizer que são criadas para ser fácil descobrir o output através do input, mas difícil de descobrir o input através do output, para isso sendo necessário despender de bastante poder computacional e tempo. Considera-se que quanto mais difícil é descobrir o input através do output, mais seguro é

---

[57] Cf. Good Audience, **Blockchain: how a 51% attack works (double spend attack)**, 2018, disponível em: https://blog.goodaudience.com/what-is-a-51-attack-or-double-spend-attack-aa108db63474

[58] Cf. Binance Academy, **What is Hashing?**, 2019, disponível em https://www.binance.vision/security/what-is-hashing

o algoritmo[59], porque novamente tem que se gastar mais recursos, que não justificam o benefício que se visa tirar de tal actividade.

Existem quatro algoritmos de hashing: o SHA-0, SHA-1, SHA-2, SHA-3. O algoritmo utilizado pela Bitcoin é o SHA-256, que é um modelo do SHA-2. O algoritmo utilizado pela Ethereum é o SHA-3. Actualmente, considera-se que apenas o SHA-2 e SHA-3 são seguros, uma vez que nos SHA-0 e SHA-1 já se descobriram colisões. Os algoritmos de hashing têm que cumprir três requisitos para serem considerados seguros. Têm que ser (numa tradução literal) resistentes a colisões (collision resistant), resistentes a pré-imagem (preimage resistant) e resistentes a segunda pré-imagem (second pre-image resistant)[60]. Estes serão resistentes a colisões se for praticamente impossível[61] dois inputs diferentes gerarem o mesmo output. Serão resistentes a pré-imagem se for praticamente impossível achar o input através do output. Isto é importante na ótica da proteção de dados, pois o output (hash) confirma a autenticidade da informação (input) sem necessidade desta ser revelada. E serão resistentes a segunda pré-imagem se for praticamente impossível achar um segundo input que colida com um input específico. Como a definição indica, a segunda pré-imagem envolve colisão. Logo, se o algoritmo for resistente a colisões, também será resistente a segunda pré-imagem.

Os algoritmos de hashing são de manifesta importância no processo de mining. O hashing é também crucial na proteção da integridade de dados, pois é possível correr ficheiros (input) pelo algoritmo de forma a determinar o output e assim verificar mais tarde se determinado texto ainda é o mesmo, ou seja, se não sofreu alterações[62]. Não sofreu alterações se, inserido outra vez mais tarde, gerar o mesmo output. Isto tem como vantagem acelerar o

---

[59] Cf. Binance Academy, **What is Hashing?**, 2019, disponível em https://www.binance.vision/security/what-is-hashing

[60] Cf. Binance Academy, **What is Hashing?**, 2019, disponível em https://www.binance.vision/security/what-is-hashing

[61] Nunca é impossível, pois o número de input é infinito e o número de outputs é finito. Logo qualquer algoritmo de hashing será resistente a colisão até prova em contrário, ou seja, até se encontrar dois inputs que gerem o mesmo output. Antes um algoritmo será resistente se a probabilidade de encontrar uma colisão for tão baixa que para encontrar uma seja necessário milhões de anos de computação. Cf. Binance Academy, **What is Hashing?**, 2019, disponível em https://www.binance.vision/security/what-is-hashing

[62] Cf. Binance Academy, **What is Hashing?**, 2019, disponível em https://www.binance.vision/security/what-is-hashing

processo de verificação de autenticidade dos dados, sem ter que os revelar. É importante referir que pequenas mudanças no input mudarão forçosamente o output (hash). Vejamos um exemplo:

Input	Output
FINTECH	98FA35EA57C1D57AC7C153DFE32CB16EB 6AAE17CBBA167F9CFCA6986CDB4C8BE
Fintech	2DD47261BF9305896542A63678477884CBA 21C4B70FAB4B8FAFB69BE2672608D
fintech	110599CCB008C6746985524BE4BA99FF588 FED6BC5C4D65D2A15B6A92EDA16A7

Figura 4: Tabela com inputs e outputs gerados através do algoritmo SHA-256[63]

Como vemos na figura 4, a simples mudança de uma letra maiúscula para minúscula é suficiente para mudar radicalmente o hash. Daqui resulta uma consequência muito importante para a segurança da Blockchain. Com efeito sendo o hash o elemento identificador do bloco ele será criado com base na informação constante do bloco (input, que inclui o hash do bloco anterior). Como já vimos se algum elemento do bloco for alterado, o hash consequentemente mudará. Assim os utilizadores podem aperceber-se que alguém alterou a informação constante do bloco e consequentemente rejeitá-lo.

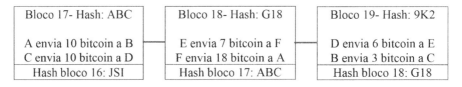

Figura 5: Figura ilustrativa de uma Blockchain

---

[63] Quem quiser fazer a experiência pode utilizar entre outros: **SHA-256 Hash Generator**, disponível em: https://passwordsgenerator.net/sha256-hash-generator/

3. A CIÊNCIA POR DETRÁS DA TECNOLOGIA BLOCKCHAIN

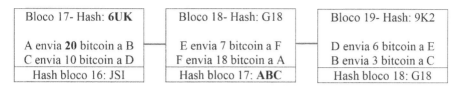

Figura 6: Figura ilustrativa da Blockchain constante da figura 5, mas que foi corrompida

Como se pode ver nas figuras 5 e 6, a Blockchain constante da figura 6 representa um exemplo de uma Blockchain utilizada por um conjunto de utilizadores, mas que como se vê na figura 6 foi corrompida. Neste exemplo houve uma alteração da informação constante do bloco 17 em que A em vez de enviar 10 bitcoins a B envia 20. Isto provocou uma alteração no hash do bloco uma vez que foi processada informação diferente da original. Isto faz com que o bloco 17 deixe de estar ligado aos blocos seguintes, porque o bloco 18 contém o hash do bloco 17 original. A partir daqui os utilizadores conseguem reparar que ouve uma alteração na Blockchain, concretamente no bloco 17, e rejeitam essa alteração, mantendo a cópia original da Blockchain ou retransmitindo, se for necessário, uma cópia da Blockchain original aos outros utilizadores.

Para a alteração ser bem-sucedida, o miner corrupto só terá uma opção e esta traduz-se em fazer o mining de todos os blocos subsequentes até encontrar um hash válido para todos eles e tal, como já vimos, constitui uma verdadeira tarefa hercúlea. Isto à medida que a Blockchain verdadeira vai sendo actualizada pelos outros utilizadores com blocos mais recentes e, portanto, o miner corrupto terá que encontrar o hash para esses blocos antes dos outros de forma a que a alteração seja consolidada. O miner só conseguirá potencialmente fazer isto se tiver mais poder computacional que o resto da rede[64]. Daqui resulta também a consequência de que quanto maior for a Blockchain, mais difícil isto se torna, pois quanto maior for a Blockchain, mais poder computacional terá[65].

---

[64] Neste caso poderá fazer o que referi no capítulo 3.3.2 sobre os ataques 51%.
[65] Cf. Good Audience, How does blockchain work in 7 steps – A clear and simple explanation, 2018, disponível em https://blog.goodaudience.com/blockchain-for-beginners-what-is-blockchain-519db8c6677a

É por isso, também, que é aconselhado aos utilizadores, em geral, a apenas consolidarem transacções constantes do bloco X após serem adicionados mais seis blocos à Blockchain[66]. Isto exatamente porque quanto mais blocos forem adicionados posteriormente, mais trabalho o miner corrupto terá que realizar para suceder na sua tentativa de alterar a tal transacção. É por isso que se diz que cada bloco adicionado após outro bloco serve de confirmação não só ao bloco anterior, mas a todos os anteriores, pois para a confirmação do novo bloco pelos utilizadores só é possível se este estiver ligado aos blocos anteriores (através do hash), pois senão os utilizadores rejeitariam tal bloco. Esta confirmação adiciona mais um elemento de segurança aos blocos e aos utilizadores, e em concreto aos que fizeram a transacção, pois estes sabem que para alterar o bloco será necessário um esforço incomensurável por parte do miner corrupto.

Agora, quanto ao miner malicioso, este actua de forma dissimulada no seu processo de tentar controlar a rede[67]. Ou seja, ao produzir os blocos não os transmite, como é normal, antes tentando ultrapassar o tamanho da Blockchain para aí depois os transmitir aos utilizadores. Assim até lá, este miner fica com duas versões da Blockchain: a original e a (sua versão) corrompida, trabalhando na segunda de forma a conseguir uma versão maior que a original para a transmitir à rede. Com isto o miner corrupto pode, por exemplo, gastar criptomoeda na Blockchain verdadeira, sem a gastar na sua[68].

---

[66] Cf. entre outros, Kyle Croman, et. al., **On Scaling Decentralized Blockchains** (A Position Paper), 2016, p. 3, disponível: https://fc16.ifca.ai/bitcoin/papers/CDE+16.pdf
[67] Cf. Good Audience, **Blockchain: how a 51% attack works (double spend attack)**, 2018, disponível em: https://blog.goodaudience.com/what-is-a-51-attack-or-double-spend-attack-aa108db63474
[68] Cf. Good Audience, **Blockchain: how a 51% attack works (double spend attack)**, 2018, disponível em: https://blog.goodaudience.com/what-is-a-51-attack-or-double-spend-attack-aa108db63474

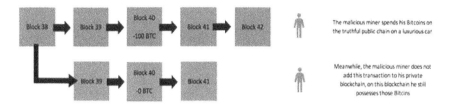

Figura 7: Imagem retirada de: https://medium.com/coinmonks/what-is-a-51-attack-or-double-spend-attack-aa108db63474

A Blockchain é programada para seguir um modelo de governo democrático, ou seja, de maioria, definido segundo as regras do protocolo. A Blockchain faz isto seguindo a maior cadeia de blocos. É assim que a rede determina qual a versão das cadeias corresponde à verdade. Isto faz com que o miner corrupto se veja envolvido numa autêntica corrida à criação de blocos, onde, em princípio quem tiver mais poder computacional/hashing power conseguirá adicionar blocos à sua versão da cadeia mais rápido[69], pois irá gerar hashes mais depressa. Quando o miner corrupto criar uma Blockchain mais longa que a original, ele vai transmitir a sua versão da Blockchain para a rede. Os utilizadores vão detetar que esta versão da Blockchain é maior que a verdadeira e irão adotá-la. A Blockchain adulterada é agora considerada a verdadeira e todas as transacções que não estão incluídas nela serão imediatamente revertidas[70]. Como resulta da figura 8, o miner corrupto foi bem-sucedido e pode agora praticar o double spending, uma vez que acabou por não gastar as suas criptomoedas, porque ele não incluiu estas transacções na Blockchain.

---

[69] Cf. Good Audience, **Blockchain: how a 51% attack works (double spend attack)**, 2018, disponível em: https://blog.goodaudience.com/what-is-a-51-attack-or-double-spend-attack-aa108db63474
[70] Cf. Good Audience, **Blockchain: how a 51% attack works (double spend attack)**, 2018, disponível em: https://blog.goodaudience.com/what-is-a-51-attack-or-double-spend-attack-aa108db63474

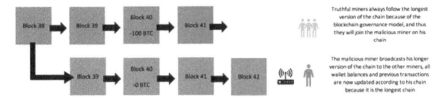

Figura 8: Imagem retirada de: https://medium.com/coinmonks/what-is-a-51-attack-or-double-spend-attack-aa108db63474

Sem prejuízo do que foi dito sobre este assunto é importante recordar que na realidade estes ataques são extremamente difíceis de executar, porque o miner corrupto necessitará de mais poder computacional que o resto da rede combinada para os realizar. Já para não falar do dinheiro gasto em energia, espaço de armazenamento dos dispositivos do utilizador, hardware e software, bem como o risco de ser apanhado e consequentemente processado e, portanto, ter que despender recursos para garantir que essas operações fraudulentas se mantêm ocultas e, se forem expostas, em litigância[71]. Mais basta um full node manter uma cópia completa da Blockchain anterior ao ataque, para que quando a rede perceber que a Blockchain actual foi corrompida, possa fazer a migração para a Blockchain anterior ao ataque. Logo são sempre pontos de ponderação no âmbito de potenciais ataques e nos mecanismos de defesa da Blockchain, sem prejuízo de outros: o poder de computação na rede Blockchain, a relação custo/benefício de um ataque e os incentivos à actuação honesta dos miners.

Quanto à dificuldade do mining referida anteriormente, esta traduz-se na determinação do grau de dificuldade para miners de encontrar um hash válido para um bloco (aferido através do poder computacional/hashing power e do tempo médio necessário para fazer o mining de um bloco). Válido, porque o hash terá que preencher certos requisitos. Para encontrar o hash, miners gastam poder de computação até encontrarem um input que origine um output válido[72]. Como é obvio se houver menos requisitos a preencher, mais

---

[71] Cf. Good Audience, **Blockchain: how a 51% attack works (double spend attack)**, 2018, disponível em: https://blog.goodaudience.com/what-is-a-51-attack-or-double-spend-attack-aa108db63474

[72] Cf. Good Audience, **Blockchain: The mystery of mining difficulty and block time..**, 2018, disponível em: https://blog.goodaudience.com/blockchain-the-mystery-of-mining-difficulty-and-block-time-f07f0ee64fd0

fácil será encontrar um hash válido, porque custará menos tempo e poder computacional. Na Bitcoin, um hash válido terá que começar com X zeros. Quantos mais zeros, mais difícil será de encontrar o hash correto. Quanto mais poder computacional um miner tiver mais probabilidade terá de encontrar um hash correto.

Na Bitcoin, quanto mais miners se juntam à rede para fazer mining de bitcoin, mais o poder computacional total da rede aumenta e por isso é presumido que a rede como um todo encontrará hashes válidos mais depressa, adicionando assim mais depressa blocos à Blockchain. Por isso, a dificuldade do mining na Bitcoin é ajustada a cada 2 semanas para que o poder de computação da rede produza em média 1 bloco em cada 10 minutos[73]. Se muitos miners se juntarem à rede e o poder computacional aumentar, em princípio a quantidade de blocos produzidos aumentará. Por isto aumenta-se a dificuldade do mining para que a quantidade de blocos produzidos se mantenha, em média, de 1 bloco em cada 10 minutos e vice-versa, ou seja, se miners pararem de fazer o mining de blocos ou deixarem de ser miners, a dificuldade diminuirá em função da redução do poder computacional observado. Quantos mais miners se juntarem à rede, mais poder computacional é gasto à procura de um hash válido e mais rapidamente são adicionados blocos à Blockchain se a dificuldade não aumentar. Assim a dificuldade do mining aumenta quando o poder computacional aumenta e vice-versa.

Mas porquê 1 bloco em cada 10 minutos? Mas porque é que se deve aumentar a dificuldade do mining? Isto obriga a despender mais eletricidade para processar a mesma quantidade de transacções. Porque não simplesmente baixar a dificuldade e assim acelerar a quantidade de blocos produzidos? Isto também significaria que as transacções da Bitcoin seriam processadas mais rapidamente.

A razão de ser de 1 bloco em cada 10 minutos resulta do facto da Bitcoin necessitar estimadamente de 10 minutos para distribuir o bloco mais recente para todos os utilizadores em todo o mundo. Isto para a Blockchain

---

[73] Cf. Good Audience, **Blockchain: The mystery of mining difficulty and block time..**, 2018, disponível em: https://blog.goodaudience.com/blockchain-the-mystery-of-mining-difficulty-and-block-time-f07f0ee64fd0

ficar devidamente sincronizada[74]. Se blocos forem produzidos mais rapidamente, alguns utilizadores podem não conseguir acompanhar a Blockchain e isto pode fazer com que alguns utilizadores fiquem desactualizados em relação à Blockchain originando ramificações na Blockchain, o que deve ser evitado o mais possível para se manter a Blockchain segura[75].

3.3.2.2. Proof of Stake

Quanto ao proof of stake, este é também um algoritmo de consenso. Aqui o bloco não é mined, mas antes forjado (forged). Mais, diferentemente do proof of work, no proof of stake a recompensa para quem cria blocos resulta de taxas de transacção em vez da criação de criptomoeda. Assim, em redes de criptomoeda com algoritmo de consenso proof of stake começa-se por vender criptomoedas que foram mined antes ou altera-se a meio o algoritmo de consenso proof of work para o proof of stake, para se ter criptomoedas na rede[76]. O algoritmo proof of stake começa por eleger um utilizador (forger/validator), de forma pseudoaleatória, para validar o próximo bloco. O processo é pseudoaleatório, pois não o é totalmente (aleatório), antes tendo por base a combinação de alguns sistemas/requisitos definidos no protocolo. Os utilizadores que queiram participar neste processo têm que bloquear uma certa quantidade de criptomoeda na Blockchain como prova de participação/intenção (proof of stake). Quanto maior for a stake do utilizador, maior a probabilidade de ser selecionado para forjar um bloco. Havendo aqui o potencial problema de favorecimento de quem tem mais criptomoeda, aumentando assim a assimetria de riqueza dentro da Blockchain, existem como solução para este problema sistemas que podem e devem ser adicionados a este processo de seleção.

---

[74] Cf. Good Audience, **Blockchain: The mystery of mining difficulty and block time..**, 2018, disponível em: https://blog.goodaudience.com/blockchain-the-mystery-of-mining-difficulty-and-block-time-f07f0ee64fd0

[75] Cf. Good Audience, **Blockchain: The mystery of mining difficulty and block time..**, 2018, disponível em: https://blog.goodaudience.com/blockchain-the-mystery-of-mining-difficulty-and-block-time-f07f0ee64fd0

[76] Cf. Binance Academy, **Proof of Stake Explained**, 2019, disponível em https://www.binance.vision/blockchain/proof-of-stake-explained

Os dois mais usados são o randomised block selection e coin age selection[77]. O primeiro escolhe o utilizador tendo em conta o menor número de hashes gerados e maior stake (quantidade de criptomoeda que o utilizador tem bloqueada). O segundo escolhe o utilizador tendo em conta o tempo a que as criptomoedas estão bloqueadas. Quando um utilizador forja um bloco, o tempo em que a stake esteve bloqueada volta a zero.

Quando um utilizador é escolhido para forjar um bloco, ele tem que verificar se a informação (por exemplo, transacções) é válida e se for válida assina o bloco e envia-o para a Blockchain. Daqui receberá taxas de transacção relativas às transacções constantes do bloco. A stake funciona como incentivo ao utilizador para não criar blocos ou fazer transacções inválidas, pois este perderá parte ou toda a sua stake se o fizer, bem como a possibilidade de forjar no futuro. Isto funciona desde que a stake seja maior que a potencial recompensa.

A vantagem deste mecanismo face ao proof of work é a maior dificuldade (pelo menos teórica) na tomada de controlo sobre a rede, uma vez que o processo de seleção do próximo utilizador a forjar um bloco é pseudoaleatório, e a eficiência energética (esta é a maior vantagem), pois não se desperdiça toda a energia em mining de blocos, uma vez que só um miner (por regra) encontrará o hash do próximo bloco. Até por isso a Ethereum tenciona transitar do mecanismo proof of work para o proof of stake[78]. Isto sem prejuízo da segurança que o mecanismo proof of work proporciona à rede, através da utilização da energia em poder computacional. O algoritmo proof of stake atinge este fim, mas com um meio diferente. Em concreto ao bloquear a stake do potencial miner sendo que esta terá ou, pelo menos, deverá ter um valor superior ao do possível ataque à Blockchain.

---

[77] Cf. Binance Academy, **Proof of Stake Explained**, 2019, disponível em https://www.binance.vision/blockchain/proof-of-stake-explained
[78] Cf. CCN Markets, **Inside Ethereum's Plan to Reduce Energy Consumption by 99%**, 2019, disponível em: https://www.ccn.com/inside-ethereums-plan-to-reduce-energy-consumption-by-99/

4. Os Smart Contracts

A noção de smart contract é atribuída a Nick Szabo que a apresentou pela primeira vez em 1994. Este definiu os smart contracts como sendo: "um protocolo de transacções computorizadas que executa os termos de um contrato"[79]. Os smart contracts ou contratos inteligentes são no fundo acordos de vontade automatizados através de código, o qual visa facilitar, fazer cumprir e controlar a execução do contrato. Estes são criados e existem dentro da Blockchain. As partes definem os termos do contrato sob a forma de código e este autoexecuta-se à medida que as condições/instruções definidas pelas partes se concretizam. Isto tudo funciona sem a necessidade de intermediação, pois o contrato é transmitido para a Blockchain, controlando a execução do contrato não só o código, mas também os utilizadores da Blockchain[80] e ficando o smart contract registado nela. Isto elimina a ambiguidade natural dos contratos em geral. Por tudo isto os smart contracts podem aumentar a eficiência na execução de contratos reduzindo, ou até mesmo anulando o risco de incumprimento das partes e com a tecnologia Blockchain aumentar a transparência, integridade e imutabilidade dos mesmos. A característica de

---

[79] Cf. Nick Szabo, **Smart Contracts**, 1994, disponível em: http://www.fon.hum.uva.nl/rob/Courses/InformationInSpeech/CDROM/Literature/LOTwinterschool2006/szabo.best.vwh.net/smart.contracts.html

[80] O smart contract não é executado até os utilizadores concordarem que as condições para a sua execução se verificaram. Cf. Jeremy M. Sklaroff, **Smart Contracts and the Cost of Inflexibility**, 2017, University of Pennsylvania Law Review, vol. 166, p. 294, disponível em: https://papers.ssrn.com/sol3/papers.cfm?abstract_id=3008899

imutabilidade que a tecnologia Blockchain introduz aos smart contracts evita também comportamentos oportunistas por parte dos contraentes, durante a execução do contrato.

O conceito de smart contract não é, contudo, unitário e tal deve ser sublinhado. Em concreto, a definição de smart contracts pode incidir na qualificação mais ampla destes enquanto código que executa determinadas instruções ou incidir sobre a sua qualificação mais restrita enquanto acordo de vontades que visa a produção automatizada de certos efeitos jurídicos. À primeira qualificação de smart contracts é atribuída a denominação de smart contract code e à segunda é atribuída a denominação de smart legal contracts[81]. A definição que nos é fornecida pela maior parte das obras acerca deste tema, refere-se aos smart contracts como smart contract code[82]. A execução de operações na Blockchain é possível devido ao código utilizado na Blockchain. Esse código é o smart contract code e é ele que permite que os computadores percebam instruções. O smart contract code pode ser utilizado para diversas finalidades, uma das quais é a criação de contratos que se autoexecutam na Blockchain conforme o cumprimento de determinados pressupostos. Pode-se, portanto, dizer que os smart legal contracts são um subtipo de um conceito muito mais amplo que é o smart contract code. Os smart legal contracts utilizam smart contract code. Quanto à definição que nos é indicada por Nick Szabo, esta parece traduzir-se numa definição híbrida de smart contracts que visa aglomerar ambas as modalidades de smart contracts. Por um lado, temos o "protocolo de transacções computorizadas", que alude aos smart contracts como smart contract code e por outro o autor reduz o seu escopo ao limitar a utilização deste à execução de "termos de um contrato" (smart legal contracts) deixando de fora o âmbito mais amplo do facto jurídico.

Mas é justo perguntar como estes contratos se executam se estiverem sujeitos à verificação de qualquer evento externo à Blockchain. Em situações em

---

[81] Cf. Josh Stark, **Making Sense of Blockchain Smart Contracts**, 2016, disponível em: https://www.coindesk.com/making-sense-smart-contracts e Christopher D. Clack; Vikram A. Bakshi; Lee Braine, Smart Contract Templates: foundations, design landscape and research directions, 2016, p. 2, disponível em: https://arxiv.org/pdf/1608.00771.pdf

[82] O que é normal, considerando que, como veremos, o smart contract code tem um maior raio de aplicação que os smart legal contracts. Isto também provavelmente pela própria natureza científica do tema.

que o smart legal contract depende de informação que esteja fora da Blockchain (por exemplo, se o avião chegou a horas em determinado dia, os valores bolsistas ou o estado do tempo), poderá recorrer-se a oráculos/oracles. Estes são entidades independentes que se tornam utilizadores da Blockchain e enviam a informação (do mundo exterior) necessária para a Blockchain e asseguram a sua precisão, de forma a que os smart contracts possam receber essa informação e reagir em conformidade. Um exemplo da potencial aplicação de oráculos diz respeito a contratos de seguro, onde será necessário enviar informação para a Blockchain relativamente à verificação ou não das contingências do contrato de seguro para efeitos de execução dos termos deste.

Os oráculos podem ser hardware oracles ou software oracles. Os hardware oracles são sensores integrados em coisas corpóreas. Um exemplo disto, e que aliás consta da figura 9 desta dissertação para onde se remete, são os chips RFID colocados em carne de vaca que integra uma cadeia de abastecimento e que transmitem informação para a Blockchain sobre a qualidade da carne, a temperatura a que a carne está conservada e onde está armazenada. Outros exemplos são os códigos de barras e os códigos QR, que através da tecnologia de scan podem enviar informação para a Blockchain. Por sua vez, os software oracles agregam informação através da internet. Agora consoante sejam utilizados para enviar informação para a Blockchain, ou para enviarem informação da Blockchain para fora dela, faz-se a distinção entre inbound e outbound oracles. Os inbound oracles enviam informação para a Blockchain de forma a que os smart contracts possam executar o código em conformidade. Os outbound oracles permitem aos smart contracts enviar informação para o mundo exterior, diga-se para fora da Blockchain onde "residem", permitindo que estes afetem o mundo real/físico. Um exemplo disto será um cadeado inteligente que se desbloqueia automaticamente quando for paga determinada quantia[83]. Finalmente, existem também os consensus-based oracles que recolhem informação de diferentes oráculos e determinam a sua autenticidade e validade[84]. Isto porque utilizar apenas uma fonte de informação

---

[83] Cf. Blockchainhub Berlin, **Blockchain Oracles**, 2019, disponível em: https://blockchainhub.net/blockchain-oracles/

[84] Cf. Medium, **What are Oracles? Smart Contracts, & "The Oracle Problem"**, 2019, disponível em: https://medium.com/@teexofficial/what-are-oracles-smart-contracts-the-oracle-problem-911f16821b53

pode não ser seguro e é também um meio de combater a manipulação deste mercado[85].

Posto isto, e voltando aos smart contracts, estes funcionam na lógica binária "se, então"[86]. O exemplo clássico de uma aplicação prática da ideia de smart contracts são as máquinas de venda automática. Nestas a pessoa insere dinheiro na máquina, escolhe determinado produto e a máquina concede-o. A lógica destas máquinas é se o cliente inserir x euros/cêntimos, então a máquina dá determinado produto até esse valor à escolha do cliente. Nesta relação cliente/máquina não existem intermediários. Mais, olhando para as componentes dos contratos, observa-se que tal como nestes, o negócio entre um cliente e a máquina de venda automática também implica uma proposta (a máquina oferece ao público, mediante pagamento do preço, os produtos nela contidos), a sua aceitação (o cliente concorda pagar X euros/cêntimos por um produto exposto na máquina) e a sua execução (a máquina dispensa o produto escolhido pelo cliente). Agora pense-se nisto aplicado, por exemplo, à venda de imobiliário. Imagine-se que alguém quer vender a sua fração autónoma e para tal digita um smart contract dizendo que se lhe derem x de ether, então ele transmite a propriedade da fração autónoma para o comprador. Esta informação é adicionada à Blockchain, retendo o smart contract esta instrução. Quando aparecer tal comprador, este irá transmitir a quantia requerida. Depois o smart contract, tendo a informação de que o requisito foi cumprido, retém a quantia, para depois atribuir ao vendedor o ether e ao comprador o registo do direito de propriedade sobre a referida fração autónoma e, eventualmente, uma chave digital para aceder à fração autónoma. Isto fica tudo registado na base de dados imutável Blockchain, que pode ser consultada por todos os utilizadores, sendo por isso também transparente. Assim ocorreu a compra e venda de uma fração autónoma, todo o ciclo de vida do pagamento[87] e o respetivo registo (no sentido lato do termo) sem intermediários.

---

[85] Cf. Blockchainhub Berlin, **Blockchain Oracles**, 2019, disponível em: https://blockchainhub.net/blockchain-oracles/

[86] Cf. Ameer Rosic, **What is Ethereum Gas?**, 2017, Blockgeeks, disponível em: https://blockgeeks.com/guides/ethereum-gas/#What_is_a_smart_contract

[87] Expressão utilizada por Francisco Mendes Correia. Segundo MENDES CORREIA, o ciclo de vida de um pagamento comporta: a ordem de pagamento, o seu processamento e a liquidação. Para uma análise detalhada destes ver: Francisco Mendes Correia, **Moeda Bancária**

4. OS SMART CONTRACTS

Os smart contracts são fáceis de fazer cumprir, porque o código (smart contract code) determinado pelas partes executa as operações nele definidas. Para se poder fazer cumprir o smart contract, em concreto para transacções e pagamentos, é necessário que as partes enviem os activos em causa para a Blockchain para que o smart contract os possa gerir, ou seja as partes têm que estabelecer uma garantia. Isto poderá ser feito através de uma carteira digital onde as partes têm alguns fundos para este tipo de operações. A principal desvantagem da fixação de garantia é a redução de liquidez das partes e dos mercados[88].

O potencial de aplicação dos smart contracts é vasto podendo abranger os mais variados ramos. Qualquer processo entre partes que possa ser automatizado pode ser um potencial objeto de um smart contract, com a vantagem de celeridade e segurança a vários níveis, porque não é possível perder o contrato, pois este está na Blockchain, tendo cada utilizador uma cópia desta, sendo claro que é possível encriptar o contrato para proteger a privacidade das partes. Mais a criptografia utilizada na Blockchain previne o hacking da mesma e, portanto, previne a alteração do contrato. Quando comparados com os contratos em geral, os smart contracts aumentam a confiança das partes, a segurança e eficiência do próprio contrato e reduzem custos associados à contratação, como por exemplo, risco de incumprimento e litigância. A rigidez que a Blockchain traz aos smart contracts impede a flexibilidade inerente aos contratos em geral que permite, por exemplo, outras formas de extinção de obrigações que não o cumprimento[89].

---

e Cumprimento: o cumprimento das obrigações pecuniárias através de serviços de pagamento, 2018, Almedina, pp. 322 a 334

[88] Cf. Michael Mainelli; Alistair Milne, **The Impact and Potential of Blockchain on the Securities Transaction Lifecycle**, 2016, SWIFT Institute Working Paper nº 2015-007, p. 31, disponível em: https://papers.ssrn.com/sol3/papers.cfm?abstract_id=2777404&download=yes

[89] Desenvolverei esta questão no capítulo 9.3.

5. Aplicações práticas da tecnologia Blockchain e dos Smart Contracts: possibilidades e fragilidades

Uma característica muitas vezes apontada à tecnologia Blockchain é a eliminação de intermediários. Isto permite uma maior acessibilidade ao mercado, não havendo restrições que não sejam ter um dispositivo com ligação à Internet. Outra vantagem que a eliminação de intermediários gera é a redução de custos dos intervenientes de mercado, não havendo ou havendo menos, por exemplo, comissões a pagar. Outra vantagem desta desintermediação é o não armazenamento de informação pessoal dos clientes numa base de dados central, mais apta a ser vítima de ataques de hacking ou então vendida (a informação) pela própria entidade a terceiros. A informação fica assim mais segura se estiver distribuída, pois qualquer alteração não pretendida à informação pode ser desfeita bastando que os outros utilizadores actualizem a sua Blockchain com a versão correta da mesma e com a ajuda de criptografia e outros mecanismos de segurança previne-se o acesso à informação nela contida por parte de pessoas que não sejam utilizadoras. Por isso é dito que esta tecnologia é mais segura[90], rápida e barata que as tecnologias tradicionais

---

[90] No entanto, desde 2017, já foram furtadas criptomoedas no valor de quase dois mil milhões de dólares. Cf. Mike Orcutt, **Once hailed as unhackable, blockchains are now getting hacked**, 2019, MIT Technology Review, disponível em: https://www.technologyreview.com/2019/02/19/239592/once-hailed-as-unhackable-blockchains-are-now-getting-hacked/

utilizadas por diversas empresas e governos, sendo por isso que estas mesmas entidades estão a recorrer ou a tentar recorrer às mesmas[91].

Passando para a aplicação prática existem inúmeros exemplos de indústrias e serviços que podem ser revolucionados por ambas as tecnologias. Uma área onde a Blockchain ligada aos smart contracts será muito útil é a chamada Internet das Coisas (Internet of Things ou IoT). A Internet of Things refere-se à ligação de coisas corpóreas à internet fazendo com que estas consigam reunir e transmitir dados e instruções. Os objetos ligam-se à internet através de sensores implantados nestes (hardware oracles). Esta ligação pode ser utilizada para operar objetos à distância, como por exemplo, regular termóstatos, a humidade e a luz, controlar o ritmo cardíaco de pacientes através do implante de um pacemaker[92], controlar a rega diária através de aspersores remotamente controlados, seguir o trajeto de pessoas e inventário[93] e para sistemas de segurança de casas, carros, entre outros[94]. A Internet of Things é também preponderante no funcionamento de casas e veículos inteligentes. Dois exemplos de utilidade prática da conjugação da tecnologia Blockchain, smart contracts e Internet of Things, que irei desenvolver agora, são o financiamento para aquisição de automóveis e as cadeias de abastecimento.

No que toca ao financiamento para aquisição de automóveis, este pode ocorrer, por exemplo, através de crédito automóvel ou sob a forma de um contrato de leasing ou locação financeira. Neste a empresa com quem se celebra tal contrato adquire o referido automóvel e procede ao seu aluguer à contraparte mediante uma renda mensal de X euros que se estenderá por Y anos, conforme o negociado entre as partes. Quando ocorre o vencimento da prestação mensal, deve o locatário pagar a renda. Não obstante, pelas mais variadas circunstâncias, o locatário pode faltar ou atrasar-se no pagamento. Perante esta situação, o locador pode precaver-se através de aposição de

---

[91] Cf. Ameer Rosic, **Smart Contracts: The Blockchain Technology That Will Replace Lawyers**, 2016, Blockgeeks, disponível em: https://blockgeeks.com/guides/smart-contracts/
[92] Um pacemaker é um dispositivo médico que serve para regular o batimento cardíaco de um paciente.
[93] A figura 9 (p. 56) mostra um exemplo de Internet of Things aplicada a uma cadeia de abastecimento de carne. Todas as partes da cadeia têm acesso a informação sobre a vaca devido ao sensor RFID que foi acoplado a ela no primeiro passo da cadeia.
[94] Cf. Binance Academy, **Blockchain Use Cases: The Internet of Things (IoT)**, 2019, disponível em: https://www.binance.vision/blockchain/blockchain-use-cases-the-internet-of-things

cláusulas como a resultante do art. 781º do CC, ou através de garantias bancárias, pessoais, reais ou títulos de crédito. Pode também, posteriormente, intentar uma ação/procedimento cautelar contra o locatário para reaver a posse do automóvel, mas mesmo que o juiz considere a ação procedente, a empresa terá despendido tempo e dinheiro nesta cruzada. A solução apresentada pela conjugação das três tecnologias supra referidas traduz-se na introdução de um chip no automóvel (IoT) que permite através de smart contract code inibir a ignição do automóvel quando o locatário falhe o pagamento na data do vencimento, estando este incumprimento registado na Blockchain. O chip pode também indicar a localização do automóvel para que as entidades competentes o recolham sobre instruções do locador[95]. Claro que isto tem que ter limites. Por exemplo, o código não pode desligar o automóvel a meio da condução, pois tal pode comprometer a segurança rodoviária e a localização do automóvel só pode ser revelada ao locador em condições muito específicas, pois se não for assim colidirá, por exemplo, com o princípio da reserva da intimidade da vida privada, constitucionalmente consagrado no art. 26º, nº 1 da CRP. Esta solução reduz custos na hora da contratação e sua execução e, sistemicamente falando, aumenta a qualidade dos locatários no mercado podendo daqui resultar uma redução nas taxas de juro, por haver menos risco de incumprimento[96]. Isto porque os potenciais locatários irão pensar duas vezes antes de celebrar um contrato que não podem cumprir, pois as consequências serão imediatas.

Quanto às cadeias de abastecimento (supply chains), estas são como que redes entre diversas empresas, desde produtores e fornecedores a transformadores, transportadores e distribuidores, que garantem os passos necessários desde a criação à entrega de determinado produto ou serviço ao consumidor final[97]. Uma vez que numa cadeia de abastecimento interagem, por regra,

---

[95] Cf. Max Raskin, **The Law and Legality of Smart Contracts**, 2016, pp. 330 e 331, in Georgetown Law Technology Review 305 (2017), vol. 1:2, disponível em: https://georgetownlawtechreview.org/wp-content/uploads/2017/04/Raskin-1-GEO.-L.-TECH.-REV.-305-.pdf

[96] Cf. Marco Dell'Erba, **Do Smart Contracts Require a New Legal Framework? Regulatory Fragmentation, Self-Regulation, Public Regulation.**, 2018, p. 20, University of Pennsylvania Journal of Law & Public Affairs, disponível em: https://papers.ssrn.com/sol3/papers.cfm?abstract_id=3228445

[97] Cf. Will Kenton, **Supply Chain**, 2019, Investopedia, disponível em: https://www.investopedia.com/terms/s/supplychain.asp

muitas empresas, não será de admirar que possam resultar destas relações diversos problemas, como falta de eficiência, transparência e integração deficiente de todas as partes envolvidas na cadeia. A tecnologia Blockchain pode ajudar a solucionar estes problemas ao permitir que todos os membros da cadeia de abastecimento tenham acesso e enviem informação em tempo real relativa à cadeia como as transacções entre membros, em que fase de desenvolvimento está determinado produto, onde o mesmo está e quem está na sua posse. Isto pode ajudar a reduzir custos, a reduzir o desperdício de bens perecíveis e a identificar responsabilidades dos intervenientes na cadeia de abastecimento. Por sua vez, os smart contracts podem gerir os pagamentos entre os diversos intervenientes da cadeia de abastecimento e a execução automatizada de tarefas na cadeia.

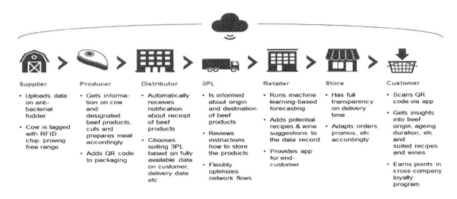

Figura 9: Imagem ilustrativa do papel que a Blockchain pode ter no registo de informação de uma cadeia de abastecimento alimentar. Retirada de: https://www.oliverwyman.com/our-expertise/insights/2017/jun/blockchain-the-backbone-of-digital-supply-chains.html

A tecnologia Blockchain pode também revolucionar a governança do sector público e do sector privado por privilegiar a descentralização (através dos utilizadores que juntos operam a rede Blockchain), a eficiência (reduzindo custos), a transparência (através de uma base de dados a que todos os utilizadores têm acesso, evitando a manipulação e ocultação de dados) e a integridade e proteção dos dados (através da criptografia). Tendo em conta que as bases de dados governamentais são, por regra, centralizadas tendo apenas algumas pessoas acesso a elas, fica claro que a Blockchain pode ajudar a descentralizar o poder sobre estes dados e o acesso aos mesmos[98]. Mais, com a integração de smart contracts, a Blockchain pode automatizar processos como a recolha de impostos, taxas, ..., sendo que estes podem potencialmente ser pagos em criptomoeda ou activos digitais, por exemplo[99]. A utilização desta tecnologia na área de eleições e votações tem sido também cogitada, pela vantagem que uma base de dados imutável oferece em termos de segurança do voto, das eleições e da sua transparência e confiança do público em geral na validade de determinada eleição. O Senate Bill 18-086 do Colorado permite a criação de protocolos de Blockchain que permitam coordenar e partilhar informação com entidades responsáveis pela aplicação das leis e serviços de inteligência, que são responsáveis pela investigação de ameaças a infraestruturas governamentais, crimes informáticos e questões de segurança nacional[100].

A Blockchain pode também ter grande impacto nos sistemas de pagamento e financiamento de operações, pois pode facilitar o registo destas operações, que podem ser executadas através de smart contracts, reduzindo custos, aumentando a transparência e no caso do financiamento de operações aumentando a possibilidade de investimento dos cidadãos através de plataformas descentralizadas de financiamento colaborativo/crowdfunding.

Finalmente a Blockchain pode aumentar a segurança de dados pessoais. Tendo em conta as numerosas notícias de fugas e venda de dados pessoais

---

[98] No entanto isto levanta questões importantes de protecção de dados que deverão ser atendidas pela Blockchain.

[99] Um exemplo disto é o estado americano do Ohio que permite que os sujeitos passivos empresariais paguem os seus impostos através da criptomoeda bitcoin. Cf. Kelly Phillips Erb, **Ohio Becomes The First State To Allow Taxpayers To Pay Tax Bills Using Cryptocurrency**, 2018, Forbes, disponível em: https://www.forbes.com/sites/kellyphillipserb/2018/11/26/ohio-becomes-the-first-state-to-allow-taxpayers-to-pay-tax-bills-using--cryptocurrency/#bd3e2366b049. Todavia tal iniciativa foi suspensa um ano depois devido a irregularidades na seleção do provedor da plataforma para pagamento de impostos, sendo que no decurso de 10 meses de vigência, menos de 10 empresas pagaram os seus impostos desta forma, representando estas menos de um porcento das empresas do Ohio. Cf. Matthew Beedham, **Ohio businesses can no longer use Bitcoin to pay taxes – but will they care?**, 2019, The Next Web, disponível em: https://thenextweb.com/hardfork/2019/10/03/ohio-suspends-bitcoin-tax-payment-system-no-one-cares-ohiocrypto/

[100] Ver Secção 3.2 do Senate Bill 18-086, 2018, disponível em: https://leg.colorado.gov/sites/default/files/documents/2018A/bills/2018a_086_01.pdf

é obvio que estamos perante um ramo que carece de evolução e desenvolvimento[101]. Ora aqui entra a Blockchain que poderá armazenar e confirmar a veracidade dos dados, de forma imutável, segura e transparente. As agências reguladoras e de supervisão podem e devem fazer parte da rede (serem utilizadoras) e, em função do protocolo estabelecido, ter mais ou menos poder. Quanto à informação esta pode ser mais ou menos encriptada podendo aos hashes ser adicionadas assinaturas digitais. Estas são o resultado de um processo em que o hash e a private key do utilizador que envia uma mensagem passam por um algoritmo de forma a gerar uma assinatura digital[102]. Esta permite ao recetor da mensagem confirmar a identidade do transmissor da mensagem e a autenticidade da mesma.

Passando para exemplos já em prática, o Dubai tem um projeto chamado Smart Dubai que tenciona registar todas as transacções governamentais numa Blockchain até 2020, de forma a aumentar a eficiência, afirmando os mesmos que a adoção desta tecnologia permitirá ao Dubai poupar 5.5 mil milhões de dirham[103] (moeda do Dubai) por ano só no processamento de documentos[104]-[105]. A Estónia começou em 2012 a utilizar a tecnologia Blockchain para registar dados médicos, de negócios, de propriedade, entre outros[106]. A Suécia está a trabalhar num registo de propriedade utilizando a

---

[101] O caso mais badalado dos últimos tempos diz respeito ao acesso ilícito e utilização de informação de milhões de perfis de Facebook, por parte da Cambridge Analytica, para influenciar as eleições presidenciais dos EUA de 2016. Outros casos de destaque relativos à violação de proteção de dados são o caso Equifax em 2017 e o caso Yahoo em 2013. Sobre estes e outros casos ver: Taylor Armerding, **The 18 biggest data breaches of the 21st century**, 2018, disponível em: https://www.csoonline.com/article/2130877/the-biggest-data-breaches--of-the-21st-century.html

[102] Cf. Cryptopurview, **How Digital Signature Work and Use in Blockchain**, 2019, disponível em: https://cryptopurview.com/how-digital-signature-work-and-use-in-blockchain/

[103] Tal valor corresponde sensivelmente a mil e quatrocentos milhões de euros. Consultado em Fevereiro de 2020 no site: https://www.xe.com/pt/currencyconverter/convert/?Amount =5.500.000.000&From=AED&To=EUR

[104] Cf. Smart Dubai, **Blockchain**, 2019, disponível em: https://www.smartdubai.ae/initiatives/ blockchain

[105] Em Janeiro de 2020, foi publicado um artigo sobre os resultados desta iniciativa. Disponível em: https://www.smartdubai.ae/newsroom/news/smart-dubai-announces-achievements-of-dubai-blockchain-strategy-2020

[106] Cf. PwC, **Estonia – the Digital Republic Secured by Blockchain**, 2019, p. 7, disponível em: https://www.pwc.com/gx/en/services/legal/tech/assets/

tecnologia Blockchain, afirmando que tal pode poupar-lhes 100 milhões de euros por ano[107]. Como se vê, os governos podem ser miners, utilizadores ou até criar as suas próprias Blockchains e regulá-las, podendo oferecer subsídios ou tributar utilizadores consoante as suas políticas.

No que toca a privados, e passando as plataformas Bitcoin e Ethereum que já foram referenciadas, a IBM já disponibiliza a tecnologia Blockchain aos seus clientes[108] e disponibiliza-a para vários efeitos, em concreto para registos na área das cadeias de abastecimento, compliance, contratos, criptomoedas, declaração de bens na alfândega, financiamento de operações da mais diversa natureza, pagamentos, prevenção de fraudes, rastreamento e segurança alimentar, registo de bens, saúde, verificação de identidade e troca de dados[109]. A Goldman Sachs tem vindo a investir em várias empresas de Blockchain[110] e a J.P. Morgan criou uma criptomoeda própria, a JPM Coin. A Microsoft, por sua vez, adicionou a tecnologia Blockchain à sua plataforma de computação em nuvem Microsoft Azure[111]. Sem prejuízo de tudo isto, faço uma nota para dizer que há quem pense que a implementação massiva desta tecnologia vai demorar[112].

Quanto às fragilidades da tecnologia Blockchain e smart contracts é apontada a falta de regulação das mesmas. Não obstante, como qualquer novidade (ex: UBER), a sua regulação ou enquadramento legal pode tardar, mas mais cedo ou mais tarde acaba por se concretizar. É normal que a legislação ande atrás das práticas. O que não se quer é a criação apressada de legislação que

---

estonia-the-digital-republic-secured-by-blockchain.pdf

[107] Cf. Juliet McMurren; Andrew Young; Stefaan Verhulst, **Addressing Transaction Costs Through Blockchain and Identity in Swedish Land Transfers**, 2018, p. 4, disponível em: https://blockchan.ge/blockchange-land-registry.pdf

[108] Cf. IBM, **Blockchain Solutions**, disponível em: https://www.ibm.com/blockchain/solutions

[109] Cf. IBM, **Blockchain Use Cases**, disponível em: https://www.ibm.com/blockchain/use-cases/

[110] Cf. Ico.li, **Goldman Sachs invests in Blockchain, just like most of Wall Street**, 2018, disponível em: https://www.ico.li/goldman-sachs/

[111] Cf. Microsoft Azure, **Blockchain**, disponível em: https://azure.microsoft.com/pt-pt/solutions/blockchain/

[112] Cf. Marco Iansiti, Karim Lakhani, **The Truth About Blockchain**, 2017, Harvard Business Review, disponível em: https://enterprisersproject.com/sites/default/files/the_truth_about_blockchain.pdf

crie mais problemas que soluções. Outra fragilidade apontada a estas tecnologias é o custo de formação do pessoal. Ora, isto terá que acontecer para que qualquer tecnologia possa ser efetivamente implementada. Aqui terá que haver, pela entidade empregadora, uma avaliação do custo/benefício das tecnologias e a tomada de decisão em conformidade. Existem também dúvidas quanto à falta de privacidade que a Blockchain gera. Parecem-me, todavia, dúvidas não fundamentadas, uma vez que, por tudo o que já foi dito aqui quanto à segurança desta tecnologia, estamos perante uma tecnologia que consegue concatenar privacidade com transparência, consoante o protocolo. Com efeito, os utilizadores têm acesso à informação imutável constante da Blockchain, mas existem também diversas técnicas que podem aumentar o grau de privacidade dos dados, desde o hash e assinaturas digitais a criptografia zero knowledge proof. O conceito de zero knowledge proof (prova de conhecimento zero) traduz-se na faculdade de se conseguir demonstrar que se possui determinada informação sem a revelar. Isto aplicado à Blockchain serve para aferir a validade da informação sem a revelar[113].

Avançando para as fragilidades mais problemáticas da tecnologia Blockchain, há sempre o risco de o utilizador esquecer/perder a sua chave privada. Este será sempre um risco enquanto se utilizar criptografia assimétrica. Se o utilizador perder a sua chave privada, não conseguirá aceder à Blockchain, e consequentemente aos smart contracts, e no caso de protocolos de criptomoeda perderá o acesso à sua carteira de criptomoeda e, portanto, não as poderá gastar. Mais se o utilizador confiar a sua chave privada a outra pessoa corre o risco de esta poder aceder à Blockchain, executar smart contracts em nome dela e/ou se apropriar da sua carteira. Por tudo isto, e volto a reiterar, para evitar estas situações a chave privada deve permanecer privada, só tendo o utilizador acesso a ela. Sem prejuízo desta fragilidade, a verdade é que qualquer website que requeira nome de utilizador e palavra passe corre este risco. Todavia tal é mitigado através da possibilidade de alterar a palavra passe. Penso que esta possibilidade deve também ser utilizada em Blockchains, para mitigar este problema.

---

[113] Ver também: Christian Catalini, Joshua S. Gans, **Some Simple Economics of the Blockchain**, 2016, p. 7, Rotman School of Management Working Paper No. 2874598, MIT Sloan Research Paper No. 5191-16, disponível em: https://papers.ssrn.com/sol3/papers. cfm?abstract_id=2874598

Outro problema associado à Blockchain é a questão da imutabilidade da base de dados versus o direito ao apagamento dos dados ou direito a ser esquecido, consagrado no art. 17º do RGPD. À primeira vista parece que o direito a ser esquecido é posto em causa. Por simples facto de tal análise escapar ao escopo desta dissertação e necessitar de especial cuidado, remete-se para leituras da especialidade[114].

A imutabilidade da Blockchain associada aos smart contracts pode também ser incompatível com as formas de transmissão e extinção das obrigações, exceto se tal estiver exaustivamente acautelado no smart contract, o que poderá trazer mais custos do que benefícios devido à necessidade de bloquear/fixar as diversas garantias e gerir as possíveis vicissitudes relativas a potenciais partes (por exemplo, negócios que envolvam a introdução de um novo sujeito na relação jurídica como a cessão de posição contratual, assunção de divida, ...) o que gera mais custos na redacção do contrato.

Existe ainda o problema da dimensão da Blockchain. De facto, o armazenamento imutável na Blockchain faz com que sejam necessários cada vez mais GB para armazenar toda a informação da Blockchain e ainda a que virá. Se a isto se acrescentar um incremento de utilizadores, maior será o problema. Quantos utilizadores terão capacidade de armazenamento para informação em permanente crescendo? Levará tal fenómeno à centralização de Blockchain concretas? Algumas soluções possíveis para este problema como o registo de informação fora da Blockchain ou a fragmentarização da Blockchain serão analisadas mais à frente.

A fragilidade a que darei mais relevo, por me parecer a mais relevante, e que desenvolverei agora é a questão da escalabilidade da tecnologia Blockchain. Esta questão traduz-se fundamentalmente na capacidade que a Blockchain tem para processar informação à medida que mais e mais utilizadores se vão juntando à rede. Ora a escalabilidade da Blockchain terá que ter em conta diversos fatores como a capacidade de armazenamento por bloco, o ritmo de produção de blocos e a velocidade de transmissão dos blocos pela rede de

---

[114] Ver entre outros: European Parliament, **Blockchain and the General Data Protection Regulation**, 2019, disponível em: https://www.europarl.europa.eu/RegData/etudes/STUD/2019/634445/EPRS_STU(2019)634445_EN.pdf; Matthias Berberich, Malgorzata Steiner, **Blockchain Technology and the GDPR- How to Reconcilie Privacy and Distributed Ledgers?**, 2016, European Data Protection Law Review, vol. 2, nº 422

utilizadores. A Bitcoin, enquanto processadora de pagamentos, processou, em 2019, sensivelmente entre 250 mil e 400 mil transacções por dia[115]. Por sua vez, a VISA.net (rede de processamento de pagamentos eletrónicos) processa 150 milhões de transacções por dia[116]. A partir destes dados consegue-se perceber que a Blockchain não consegue competir em larga escala quando comparada com outras tecnologias já bem mais consagradas.

Perante esta realidade diversas têm sido as abordagens para tentar resolver este problema, das quais darei alguns exemplos. De notar que todas elas têm vantagens e desvantagens. Há quem tente resolver este problema aumentando a capacidade máxima de armazenamento dos blocos. O aumento da capacidade de armazenamento dos blocos traduz-se numa alteração do protocolo nesse sentido e permitirá que seja processada informação mais depressa, pois mais informação é agregada num só bloco. A consequência disto é a necessidade de mais memória do dispositivo de cada utilizador e a diminuição da velocidade de transmissão dos blocos pela rede, pois à mais informação a armazenar e distribuir. Se os blocos forem criados mais depressa do que são transmitidos, tal pode gerar problemas de segurança na Blockchain[117]. Em 2017, ocorreu um soft fork na Bitcoin chamado SegWit (Segregated Witness), que visou entre outros aumentar a capacidade de armazenamento de blocos.

Outra solução possível é aumentar o ritmo de produção de blocos. Isto acontece diminuindo a dificuldade do mining. Ora isto irá provocar o aumento, em média, de blocos adicionados à Blockchain. Por contraponto tal diminui a segurança da Blockchain, pois, pelo menos nas Blockchains que utilizam o algoritmo de consenso proof of work, a energia despendida serve para proteger a rede de possíveis ataques. Ora se é mais fácil encontrar um hash válido, irá ser necessário, em média, menos poder computacional para o encontrar e, portanto, haverá menos poder computacional na rede com o qual um possível malfeitor terá que competir.

---

[115] Cf. Blockchain, disponível em: https://www.blockchain.com/pt/charts/n-transactions?timespan=1year

[116] Cf. VISA, disponível em: https://usa.visa.com/run-your-business/small-business-tools/retail.html

[117] Cf. Kenny Li, **The Blockchain Scalability Problem & the Race for VISA-like Transaction Speed**, 2019, towards data science, disponível em: https://towardsdatascience.com/the-blockchain-scalability-problem-the-race-for-visa-like-transaction-speed-5cce48f9d44

Outra hipótese, pelo menos no espaço das criptomoedas, é aglomerar diversas transacções numa só, de forma a que um utilizador possa, numa transacção, enviar criptomoeda a múltiplos utilizadores. Assim, o utilizador pode só pagar uma taxa de transacção em vez de múltiplas e como só há uma transacção tal ocupa menos espaço no bloco, fazendo com que na prática mais transacções possam ser agrupadas ao bloco. Os pontos negativos são o âmbito limitado de aplicação desta hipótese, a impossibilidade de múltiplos utilizadores enviarem transacções aglomeradas para um utilizador e o risco de menor privacidade, se os utilizadores conseguirem ver a quem o utilizador enviou as criptomoedas[118].

Existe também a tentativa de registar informação fora da Blockchain. Um exemplo disto é a Lightning Network. Esta aplica-se também a Blockchains de criptomoedas e permite criar canais de pagamento entre utilizadores. Imagine-se que A vai sempre ao mesmo supermercado B fazer as compras da semana. A e B acordam criar um canal de pagamento. Para tal, ambos acordam abrir uma carteira virtual com múltiplas assinaturas na Blockchain. Faço agora um pequeno aparte para explicar que estas múltiplas assinaturas implicam a necessidade de mais que uma chave para autorizar transacções. Ou seja, é necessário que dois ou mais utilizadores autorizem as transacções. Continuando, nesta carteira, A deposita, digamos, 0,5 bitcoin e isto é enviado para ser integrado num bloco da Blockchain. As partes depois criam um balanço, que diz que A tem 0,5 bitcoin e B tem 0. Seguidamente A vai fazer as suas compras no valor de 0,05 bitcoin. Aqui ambas as partes assinam com as respetivas chaves (privadas) a alteração ao balanço, constando agora que A tem 0,45 bitcoin e B tem 0,05, mas não transmitem esta alteração à Blockchain, ficando antes esta informação guardada fora dela. No fim do mês, A e B decidem transmitir à Blockchain o balanço mais recente, que diz que A tem 0,25 e B tem 0,25, em função das compras feitas. Seguidamente os miners verificam se as duas assinaturas/chaves constam do balanço e se constarem esta informação será inserida na Blockchain com a consequente distribuição de bitcoin na proporção indicada no balanço às partes.

---

[118] Cf. Kenny Li, **The Blockchain Scalability Problem & the Race for VISA-like Transaction Speed**, 2019, towards data science, disponível em: https://towardsdatascience.com/the-blockchain-scalability-problem-the-race-for-visa-like-transaction-speed-5cce48f9d44

Este sistema tem como vantagens o facto de só constarem duas transacções na Blockchain, a que abre o canal de pagamento e a que fecha, pagando assim menos taxas de transacção e disponibilizando mais espaço no bloco para outras transacções; também é seguro, pois cada parte tem uma cópia do balanço mais recente com as duas assinaturas e portanto pode receber o que lhe é devido, bastando transmitir a cópia mais recente para a Blockchain. Como pontos fracos apresenta-se como uma solução que regista transacções fora da Blockchain, com exceção da primeira e última, e actualmente a sua aplicação está reservada a criptomoedas.

Por fim, para tentar resolver o problema de escalabilidade há quem utilize a técnica de sharding. Esta técnica já é utilizada em bases de dados centralizadas e consiste na divisão da base de dados em partes/fragmentos[119]. Digamos que uma Blockchain tem mil utilizadores. Em vez destes mil utilizadores verificarem e validarem todas as operações feitas na Blockchain, pode-se dividir a Blockchain em dez partes ficando cem utilizadores responsáveis por cada parte. Isto acelera o processo de verificação e validação de operações na Blockchain, por não ser necessário o total da rede verificar a operação, mas apenas os responsáveis. As desvantagens desta solução é a redução de segurança que resulta da divisão da Blockchain em partes que individualmente têm menos poder computacional que o todo, estando assim mais suscetíveis a ataques[120]. Por isso é mais fácil tomar controlo de cada parte da Blockchain.

Em conclusão, a arquitetura original da Blockchain foi feita para ser descentralizada e segura e tem provado, em geral, ser um sucesso a fazê-lo, eliminando intermediários, trazendo transparência e segurança. Por isso é que se continua a estudar e tentar inovar esta tecnologia. Contudo, o avanço da tecnologia realça também a falta de capacidade de escalabilidade da Blockchain, pelo menos quando comparada com as tecnologias mais enraizadas como a VISA. As tentativas que têm surgido para resolver este problema, e sem querer

---

[119] Cf. Kaihua Qin, Arthur Gervais, **An Overview of Blockchain Scalability, Interoperability and Sustainability**, 2019, p. 6, disponível em: https://www.eublockchainforum.eu/sites/default/files/research-paper/an_overview_of_blockchain_scalability_interoperability_and_sustainability.pdf

[120] Cf. Chrisjan Pauw, **Sharding, Explained**, 2019, Cointelegraph, disponível em: https://cointelegraph.com/explained/sharding-explained

retirar qualquer mérito, acabam no final por privilegiar dois lados da tricoto-
mia descentralização-segurança-escalabilidade e ainda não é clara a solução
que permita exponenciar estas três características na tecnologia Blockchain.
Por exemplo, não parece actualmente exequível, nem nos próximos tempos, o
registo de todas as transacções a nível global numa Blockchain aplicada a um
protocolo de criptomoeda. Isto por a tecnologia Blockchain ter desafios de
escalabilidade pela frente. Mas seja como for teremos que esperar a evolução
desta tecnologia, ver que novas soluções se nos apresentam e até que ponto é
possível potenciar a descentralização, a segurança e/ou a escalabilidade, sem
descurar as restantes.

Avançando agora para os smart contracts e começando pelos desafios que
estes têm pela frente, pode-se já falar da questão de, pelo menos à data, estes
não serem vocacionados para situações em que existe substancial risco ou
incerteza posterior à execução do contrato. Mais para quem não esteja interes-
sado em redigir contratos altamente detalhados, seja devido aos custos a eles
associados ou por qualquer outro motivo, este meio também não é para eles,
porque se o fizerem correm o risco de ficarem insatisfeitos com a execução
do contrato. Em ambos os casos, porque estes não podem ser posteriormente alterados se forem registados na Blockchain. Logo existe uma tremenda
pressão para que o smart contract code seja, de facto, bem redigido e com
uma linguagem bem definida, de forma a abranger a panóplia mais vasta de
situações possíveis e a sua influência num determinado contrato, como forma
de proteger os interesses das partes.

Tendo em conta que será sempre praticamente impossível às partes preve-
rem todos os cenários possíveis, uma solução para este problema pode passar
pela elaboração de outro smart legal contract em que as partes negoceiam o
que compete ao smart contract code executar para essa situação específica,
como forma de contrabalançar os efeitos do primeiro smart legal contract criado pelas partes. Esta solução pode resultar para situações pontuais, contudo
não deve ser exercida em demasia, até pelos custos que gera e mais que isso
não deve ser entendida como uma solução para a redacção deficiente de smart
legal contracts, que serão constantemente alterados por novos smart legal
contracts que regulam cada situação específica, sendo que estes dependerão
do acordo de ambas as partes o que pode não acontecer (a parte favorecida
pode não querer voltar a contratar).

Seja como for, os contratos em geral não têm estes problemas, devido à sua flexibilidade que permite às partes alterar o contrato quando ambas assim o quiserem, não tendo assim que prever todas as situações possíveis e não terem que redigir à exaustão um contrato, pois existem meios de adaptar um contrato a todo o tipo de situações (por exemplo: interpretação do contrato pelos tribunais, resolução ou modificação do contrato com fundamento em alteração das circunstâncias, ...). Assim, as renegociações constantes resultantes da criação de novos smart legal contracts que prevejam situações que os anteriores não previram apenas transmitem os custos da execução dos contratos para a elaboração dos contratos[121]. Uma solução que pode facilitar a utilização generalizada de smart legal contracts sólidos e bem redigidos é a padronização/standardização destes. Efetivamente uma vez redigido um smart legal contract com smart contract code que acautele satisfatoriamente os interesses das partes, por que não adotá-lo como modelo para os demais smart legal contracts que visem a mesma produção de efeitos entre partes, em situações substancialmente identicas. Isto até serve para integrar mais facilmente os smart contracts no sistema legal vigente, submetendo as cláusulas destes ao regime das cláusulas contractuais gerais[122].

A vantagem que aos smart contracts é inerente é a execução automática de instruções sem necessidade de mais nada que não a verificação das condições para a execução da determinada instrução. Isto é eficiente e com a tecnologia Blockchain, estes dispensam também intermediários, pois toda a rede verifica o seu correto funcionamento.

---

[121] Cf. Jeremy M. Sklaroff, **Smart Contracts and the Cost of Inflexibility**, 2017, University of Pennsylvania Law Review, vol. 166, p. 292, disponível em: https://papers.ssrn.com/sol3/papers.cfm?abstract_id=3008899

[122] Ver dl nº 446/85, de 25 de Outubro, disponível em: https://dre.pt/web/guest/pesquisa/-/search/177869/details/maximized?p_p_auth=Dd3SP4fd

6. Iniciativas de regulação destas tecnologias

Antes de começar este tópico aproveito para fazer uma nota para dizer que apenas ilustrarei alguns exemplos de iniciativas de regulação desta tecnologia, uma vez que o objetivo deste tópico é mostrar algumas iniciativas neste sentido e não uma enumeração exaustiva destas. Mais neste âmbito procurarei dar exemplos de iniciativas na Europa, nos EUA e na China, por serem três mercados muito relevantes a nível internacional. Sem prejuízo disto ainda estamos numa fase muito embrionária da regulação destas tecnologias, onde mais do que procurar estabelecer soluções legais para estas, se procura criar definições legais destas para porventura tentar enquadrá-las no quadro normativo vigente. Veremos isto ao longo deste capítulo.

Terminada que está a explicação da parte tecnológica procurarei agora atentar nas tentativas de regulação, por via legislativa e de outra natureza, destas matérias. Como sempre, quando surgem novas realidades socialmente relevantes cabe ao Direito regulá-las. Pois bem, a tecnologia Blockchain, apesar de não ser nova, ganhou relevância em 2008 com a invenção da Bitcoin e desde aí se tem estudado, com mais atenção, maneiras de a integrar no sistema jurídico, surgindo posteriormente novas ideias de aplicações para a tecnologia Blockchain. Apesar de à tecnologia Blockchain serem cunhadas usualmente expressões como "tecnologia disruptiva e inovadora", a verdade é que os reguladores e supervisores não se devem sentir encandeados pela nova dinâmica que esta tecnologia vem trazer. De facto, a introdução de novas práticas na sociedade e nos mercados é uma realidade constante a que cabe muitas vezes aos reguladores e supervisores atentar e acompanhar de perto para as poder regular. A tecnologia Blockchain e os smart contracts são só mais uma dessas realidades. Como a tecnologia avança a um ritmo acelerado é necessário reunir esforços da parte de programadores, cientistas de computação e juristas para se poder regular de forma adequada novas tecnologias, pois o que não se quer é incerteza jurídica relativamente a estas, uma vez que tal afasta potenciais utilizadores da tecnologia.

A regulação desta tecnologia pode surgir direta ou indiretamente. Quando o conteúdo da regulação incidir concreta e principalmente sobre a tecnologia concreta estaremos perante regulação direta. Por contraste, estaremos perante regulação indireta quando tal acontecer apenas secundariamente, ou seja, se apenas se aplicar à tecnologia a título acessório.

Nos EUA têm-se feito esforços para regular a tecnologia Blockchain, seja direta ou indiretamente. De forma indireta podemos falar, por exemplo, do Uniform Electronic Transaction Act (UETA)[123] ou do Electronic Signature in Global and National Commerce Act (ESIGN)[124]. Tanto o UETA como o ESIGN visam conferir às assinaturas digitais e às plataformas de registo eletrónicas a mesma validade jurídica conferida aos meios idênticos utilizados não eletronicamente[125]. Isto como forma de derrubar barreiras do comércio eletrónico (secção 301.2 do ESIGN), pois estes diplomas aplicam-se no âmbito de transacções[126]. Ora como vimos anteriormente, a tecnologia Blockchain é uma tecnologia de registo eletrónico de dados que pode ou não utilizar assinaturas digitais. Logo esta legislação aplica-se a tecnologia Blockchain.

O UETA foi publicado em 1999 e o ESIGN em 2000 e são dois de vários uniform acts que visam a harmonização da legislação dos EUA[127]. Faço ago-

---

[123] Disponível em: http://euro.ecom.cmu.edu/program/law/08-732/Transactions/ueta.pdf

[124] Disponível em: https://www.govinfo.gov/content/pkg/PLAW-106publ229/pdf/PLAW--106publ229.pdf

[125] Cf. Alan Cohn, Travis West, Chelsea Parker, **Smart after all: Blockchain, Smart Contracts, Parametric Insurance and Smart Energy Grids**, 2017, p. 287, Georgetown Law Tech Review, vol 1:2, disponível em: https://georgetownlawtechreview.org/wp-content/uploads/2017/04/Cohn-West-Parker-1-GEO.-L.-TECH.-REV.-273.pdf e Marco Dell'Erba, **Do Smart Contracts Require a New Legal Framework? Regulatory Fragmentation, Self--Regulation, Public Regulation.**, 2018, p. 30, University of Pennsylvania Journal of Law & Public Affairs, disponível em: https://papers.ssrn.com/sol3/papers.cfm?abstract_id=3228445

[126] Ver Secção 3. do UETA e 101. do ESIGN

[127] Quem quiser saber quais os outros uniform acts pode consultar: Uniform Law Commission, **Current Acts**, disponível em: https://www.uniformlaws.org/acts/catalog/current

ra um pequeno aparte para explicar rapidamente o que é um uniform act. O uniform act é uma figura da common law que, como já disse, visa a harmonização da legislação nacional. Um uniform act é aprovado pela Uniform Law Commission (ULC). Todavia é importante referir que esta não tem poder legislativo, antes estes uniform acts só têm relevância jurídica na medida em que sejam adotadas pelos Estados individualmente considerados. Estes votarão na proposta de uniform act da ULC, sendo que para ser promulgada tem que ser aprovada pela maioria dos Estados presentes e nunca por menos de 20 Estados[128]. Uma curiosidade relativa aos uniform acts diz respeito à possibilidade dos Estados que adotam um uniform act poderem fazer-lhe alterações, pois apesar de ser recomendada a adoção do uniform act como foi promulgado, estes não são obrigados a tal. Sem prejuízo disto não se podem tratar de mudanças significativas, uma vez que tal deturparia o fim visado pelos uniform acts que é a harmonização de legislação do país. Antes os Estados podem modificar uniform acts de acordo com as necessidades destes[129]. No caso dos uniform acts que referirei nesta dissertação em concreto é recomendado pela própria ULC que não existam alterações, porque a ideia por detrás destes é fornecer uma base de apoio às tecnologias existentes e que surgirão, visando regular tecnologias que recorrem a meios eletrónicos. Este método tem contribuído para o desenvolvimento e aplicação prática de novas tecnologias[130].

Voltando ao UETA e ao ESIGN estes indicam algumas definições que como veremos corroboram a tese inicial de que estes se aplicam à tecnologia Blockchain. O UETA define na secção 2.16 e 2.2 transacção automatizada como uma ação ou conjunto de ações entre duas ou mais pessoas relativas a

---

[128] Cf. Uniform Law Commission, **How does an act receive final ULC approval?**, 2020, disponível em: https://www.uniformlaws.org/aboutulc/faq#How%20does%20an%20act%20 receive%20final%C2%A0ULC%20approval?. Mais informações sobre uniform acts disponíveis no mesmo site.

[129] Cf. Caroline N. Broun, et. al., **The Evolving Use and the Changing Role of Interstate Compacts: A Practitioner's Guide**, 2016, American Bar Association, p. 16

[130] Uniform Law Commission, **Guidance Note regarding the relation between the Uniform Electronic Transactions Act and Federal ESIGN Act, Blockchain Technology and "Smart Contracts"**, 2019, p. 6, disponível em: https://www.uniformlaws.org/HigherLogic/System/DownloadDocumentFile. ashx?DocumentFileKey=c5b10959-25c4-33d4-aa15-1981653c23f9&forceDialog=0

negócios, comércio ou assuntos governamentais executados no todo ou em parte através de meios ou registos eletrónicos, cujos atos de uma ou ambas as partes não são controlados/supervisionados por nenhuma pessoa durante o normal decurso da formação e execução de um contrato[131]. O UETA e o ESIGN definem assinatura eletrónica nas secções 2.8, 2.5 e 106.5, 106.2, respetivamente, como um som, símbolo ou processo, relacionado com tecnologia que tenha propriedades elétricas, digitais, magnéticas, sem fios, óticas ou eletromagnéticas, ligado ou associado a um registo e executado ou adotado por uma pessoa que tenha intenção de assinar o registo[132]. Finalmente definem registo eletrónico nas secções. 2.13, 2.7 e 106.9, 106.4, respetivamente, como sendo informação que esteja inscrita num meio tangível ou que seja armazenada num meio qualquer que possibilite o acesso à informação e que seja criado, gerado, enviado, comunicado, recebido ou armazenado através de meios eletrónicos[133].

No caso concreto do UETA e do ESIGN resultam fundamentalmente três conclusões: o facto de uma assinatura ou um registo revestir natureza eletrónica não prejudica a sua validade jurídica; um contrato não vê a sua validade jurídica afetada pelo facto de na sua formação se ter recorrido a um registo eletrónico; e que se a lei requerer uma assinatura ou um registo por escrito, uma assinatura ou um registo eletrónico cumpre tal função (secção 7 do UETA)[134].

---

[131] "Transaction" means an action or set of actions occurring between two or more persons relating to the conduct of business, commercial, or governmental affairs. "Automated transaction" means a transaction conducted or performed, in whole or in part, by electronic means or electronic records, in which the acts or records of one or both parties are not reviewed by an individual in the ordinary course in forming a contract, performing under an existing contract, or fulfilling an obligation required by the transaction.

[132] "Electronic" means relating to technology having electrical, digital, magnetic, wireless, optical, electromagnetic, or similar capabilities. "Electronic signature" means an electronic sound, symbol, or process attached to or logically associated with a record and executed or adopted by a person with the intent to sign the record.

[133] "Record" means information that is inscribed on a tangible medium or that is stored in an electronic or other medium and is retrievable in perceivable form. "Electronic record" means a record created, generated, sent, communicated, received, or stored by electronic means.

[134] Uniform Law Commission, **Guidance Note regarding the relation between the Uniform Electronic Transactions Act and Federal ESIGN Act, Blockchain Technology and "Smart Contracts"**, 2019, p. 5, disponível em: https://www.

As definições criadas por estes acts tendem a ser genéricas porque o seu objetivo é abranger o maior número de tecnologias de registo e de assinaturas eletrónicas possíveis. O fundamento base destes acts é, como já disse, regular uniformemente estas tecnologias, mesmo que nem todas elas tenham sido ainda criadas. Por isso é necessário recorrer a termos amplos e genéricos. Ora perante as definições supra indicadas resulta que a tecnologia Blockchain se enquadra na definição de registo eletrónico e quando associada a smart contracts executa também transacções automatizadas, sendo que pode ou não recorrer a assinaturas digitais.

No âmbito da regulação direta, e ainda nos EUA, esta tem-se verificado sobretudo a nível estadual, onde vários Estados já criaram algum tipo de legislação sobre a tecnologia Blockchain. Exemplo disto é uma lei do Estado do Arizona[135] que visa atribuir à tecnologia Blockchain o mesmo tratamento jurídico das técnicas tradicionais de registo de informação, indicando inclusive definições de tecnologia Blockchain[136] e smart contracts[137]. O Estado do Colorado redigiu também uma lei[138] sobre a utilização da tecnologia Blockchain para armazenar dados governamentais. Estes dados abrangem datas de nascimento, de óbito, estado civil e registo criminal de cidadãos, bem como registo de propriedade, dados médicos, entre muitos outros. Em 2017, o governo do Colorado foi alvo de cerca de seis a oito milhões de tentativas de ataques informáticos por dia[139]. Tendo isto em conta, o Colorado olhou para a tecnologia Blockchain como uma solução que melhora o sistema, à

---

uniformlaws.org/HigherLogic/System/DownloadDocumentFile.ashx?DocumentFileKey=c5b10959-25c4-33d4-aa15-1981653c23f9&forceDialog=0

[135] Arizona House Bill 2417, 2017, disponível em: https://legiscan.com/AZ/text/HB2417/id/1497439

[136] "Blockchain technology" means distributed ledger technology that uses a distributed, decentralized, shared and replicated ledger, which may be public or private, permissioned or permissionless, or driven by tokenized crypto economics or tokenless. The data on the ledger is protected with cryptography, is immutable and auditable and provides an uncensored truth.

[137] "Smart contract" means an event-driven program, with state, that runs on a distributed, decentralized, shared and replicated ledger and that can take custody over and instruct transfer of assets on that ledger.

[138] Senate Bill 18-086, 2018, disponível em: https://leg.colorado.gov/sites/default/files/documents/2018A/bills/2018a_086_01.pdf

[139] Secção 1.II do Senate Bill 18-086, 2018, disponível em: https://leg.colorado.gov/sites/default/files/documents/2018A/bills/2018a_086_01.pdf

data, de gestão e transmissão de dados. A própria lei enumera as vantagens que a tecnologia Blockchain acrescenta, entre outras[140]: controlo de logística entre vários participantes (por exemplo, empresas), criação de confiança entre os utilizadores, proteção da privacidade dos dados, rastreabilidade de informação e transacções, redução de custos, resistência a alterações devido à sua imutabilidade (evita falsificação de dados), transparência (vantajosa, por exemplo na altura de imputação de responsabilidades) e verificação de dados (por exemplo: identidade). Tudo isto importante para manter a confiança e segurança pública. Para terminar os exemplos de Estados que elaboraram legislação sobre a tecnologia Blockchain, o Estado do Vermont concebeu legislação que consagra sociedades de responsabilidade limitada assentes em Blockchain. As chamadas "Blockchain-Based Limited Liability Companies". Estas permitem às partes envolvidas definir as suas responsabilidades na Blockchain[141]. Por sua vez o Estado do Wyoming criou legislação que isenta as criptomoedas de tributação[142].

Quanto a iniciativas legislativas na Europa, um exemplo que posso dar diz respeito à tributação de criptomoedas. A Suíça e o Liechtenstein, as criptomoedas não são objeto de IVA. Na Alemanha, as vendas de criptomoedas não são tributadas em sede de IRS ou IRC a nível de mais-valias, exceto se o sujeito passivo fizer o investimento por período inferior a um ano. Na Suíça, as criptomoedas são tributáveis em sede de IRS e IRC[143].

Em Portugal, a AT pronunciou-se sobre o enquadramento legal da tributação de criptomoedas.

A AT veio pronunciar-se sobre o enquadramento fiscal das criptomoedas em sede de IRS e IVA nas suas informações vinculativas relativas aos processos

---

[140] Ver Secção 1.VIII, IX e X do Senate Bill 18-086, 2018, disponível em: https://leg.colorado.gov/sites/default/files/documents/2018A/bills/2018a_086_01.pdf

[141] Ver Secção 7 do Vermont Senate Bill 269, 2018, disponível em: https://legiscan.com/VT/text/S0269/2017 e Vermont Statutes, Title 11, Chapter 25, Subchapter 12, disponível em: https://legislature.vermont.gov/statutes/section/11/025/04173

[142] Ver Wyoming Senate Bill 111, 2018, disponível em: https://legiscan.com/WY/text/SF0111/2018

[143] Cf. Matthias Langer, **Taxation of Cryptocurrencies in Europe**, 2017, Crypto Research Report, disponível em: https://cryptoresearch.report/crypto-research/taxation-cryptocurrencies-europe/

6. INICIATIVAS DE REGULAÇÃO DESTAS TECNOLOGIAS

nº 5717/2015[144], 14436[145] e 14763[146]. Relativamente à tributação em sede de IRS, a AT concluiu que a venda de criptomoedas não é tributável em sede de IRS, por esta não se subsumir a nenhuma categoria de IRS, a menos que pela sua habitualidade constitua uma actividade profissional ou empresarial do contribuinte, caso em que esta realidade será tributada na categoria B de IRS[147]. Relativamente à sua tributação em sede de IVA, a AT concluiu, que a simples transferência de criptomoedas não constitui facto gerador de imposto e que no âmbito do exercício da actividade de câmbio de criptomoedas por divisas tradicionais e vice-versa, esta reúne as condições de incidência (art. 2º, nº 1, al. a) e art. 1º, nº 1, al. a) do CIVA), mas encontra-se isenta nos termos do art. 9º, nº 1, al. 27, subalínea d) do CIVA[148]. Mais a remuneração sob forma de criptomoeda encontra-se também isenta de IVA, nos mesmos termos[149]. Estas posições são sufragadas pelo TJUE no processo nº C-264/14[150].

Mais a ESMA veio também pronunciar-se sobre ICOs. Esta vem avisar os investidores dos riscos inerentes a ICOs. Em concreto, a incerteza legislativa à volta destas, a volatilidade dos criptoactivos, a falta de informação ou informação defeituosa fornecida pelos emitentes, a possibilidade de falhas no código das tecnologias e o risco de liquidez e de perda total do capital investido[151]. Já quanto às pessoas (colectivas) envolvidas na criação de ICOs, a ESMA recomenda-as a verem se as actividades por elas empreendidas e os

---

[144] Disponível em: http://www.taxfile.pt/file_bank/news0318_22_1.pdf

[145] Disponível em: https://www.audico.pt/wp-content/uploads/2019/08/57_INFORMA-CAO_14436.pdf

[146] Disponível em: http://www.taxfile.pt/file_bank/news0719_27_1.pdf

[147] Cf. AT, **Ficha Doutrinária nº 5717/2015**, 2016, p. 2, disponível em: http://www.taxfile.pt/file_bank/news0318_22_1.pdf

[148] Cf. AT, **Ficha Doutrinária nº 14763**, 2019, pp. 2 e 3, disponível em: http://www.taxfile.pt/file_bank/news0719_27_1.pdf

[149] Cf. AT, **Ficha Doutrinária nº 14436**, 2019, p. 3, disponível em: https://www.audico.pt/wp-content/uploads/2019/08/57_INFORMACAO_14436.pdf

[150] Disponível em: http://curia.europa.eu/juris/liste.jsf?oqp=&for=&mat=or&jge=&td=%3BALL&jur=C%2CT%2CF&num=C-264%252F14&page=1&dates=&pcs=Oor&lg=&pro=&nat=or&cit=none%252CC%252CCJ%252CR%252C2008E%252C%252C%252C%252C%252C%252C%252C%252C%252Ctrue%252Cfalse%252Cfalse&language=pt&avg=&cid=109274

[151] Ver: ESMA, **ESMA alerts investors to high risks of Initial Coin Offerings (ICOs)**, 2017, disponível em: https://www.esma.europa.eu/sites/default/files/library/esma50-157-829_ico_statement_investors.pdf. Posição também sufragada pela CMVM em: CMVM, **Alerta**

activos em causa se encontram sob a égide da ESMA e da legislação europeia. Isto porque se tal for o caso (por exemplo se essas actividades constituírem actividades de intermediação financeira ou se os activos/tokens[152] constituírem valores mobiliários) estarão sujeitas aos regulamentos e directivas europeus aplicáveis trazendo o seu incumprimento consequências[153]. Quanto à classificação de tokens como valores mobiliários, a CMVM esclarece que:

"1. Um token será um valor mobiliário caso seja um documento representativo de uma ou mais situações jurídicas de natureza privada e patrimonial (i.e., direitos e deveres);

2. Um token será um valor mobiliário caso, tendo em conta a(s) situação(ões) jurídica(s) representada(s), seja comparável com valores mobiliários típicos;

3. Para efeitos do previsto no número anterior, deve nomeadamente considerar-se a previsão, nas informações disponibilizadas pelo emitente, de elementos dos quais possa decorrer uma vinculação do emitente à realização de condutas das quais resulte uma expectativa de retorno para o investidor, como sejam:

a) O direito a um rendimento (por exemplo, se o token conferir direito a lucros ou a um juro); ou

b) A prática de atos por parte do emitente ou entidade relacionada adequados à incrementação do valor do token."[154].

---

aos investidores sobre Initial Coin Offerings (ICOs), 2017, disponível em: http://www.cmvm.pt/pt/comunicados/comunicados/pages/20171103a.aspx

[152] Tokens são activos digitais.

[153] Cf. ESMA, **ESMA alerts firms involved in Initial Coin Offerings (ICOs) to the need to meet relevant regulatory requirements**, 2017, disponível em: https://www.esma.europa.eu/sites/default/files/library/esma50-157-828_ico_statement_firms.pdf

[154] CMVM, **Comunicado da CMVM às entidades envolvidas no lançamento de "Initial Coin Offerings" (ICOs) relativo à qualificação jurídica dos tokens**, 2018, disponível em: https://www.cmvm.pt/pt/Comunicados/Comunicados/Pages/20180723a.aspx

Quanto à China, diversas autoridades e reguladores[155] reuniram-se, em 2017, para publicar o Announcement on Preventing Financial Risks from Initial Coin Offerings. Deste resultou a proibição de recolher fundos ao público através da emissão de criptomoedas, ou seja, a proibição de Initial Coin Offerings ou ICOs[156]. Deste anúncio resultaram severas consequências. Diversas plataformas chinesas de criptomoedas anunciaram o fim da sua actividade e o mercado chinês que era responsável, antes deste anúncio, por 90% do volume de transacções de Bitcoin, passou a ser responsável por apenas 10%[157].

Noutra situação, o Supremo Tribunal Chinês decidiu que provas autenticadas através da tecnologia Blockchain são legalmente vinculativas em caso de litigância[158].

Tal como no caso da Blockchain existem já iniciativas de regulação dos smart contracts. Em primeiro lugar, nos EUA, irei desenvolver a regulação dos smart contracts pelo Uniform Commercial Code ou UCC[159]. O UCC foi publicado em 1952 e visa a uniformização das leis de vendas e transacções comerciais. Deste resultam algumas definições que convém salientar. Em concreto relativamente aos contratos para saber se os smart contracts se podem integrar nessa definição.

Ora o art. 1º, parte 2, § 1-201.12 do UCC define o contrato como sendo a total obrigação legal que resulta do acordo das partes[160], sendo que este de-

---

[155] Em concreto, a China Banking Regulatory Commission, a China Insurance Regulatory Commission, a China Securities Regulatory Commission, a Cyberspace Administration of China, o Ministry of Industry and Information Technology, o People's Bank of China e a State Administration for Industry and Commerce.

[156] As ICOs são ofertas públicas ou particulares de criptomoedas ou tokens. Nestas, os investidores enviam uma quantidade de dinheiro ou criptomoeda para os emitentes, em troca de criptomoedas ou tokens emitidos por estes.

[157] Cf. Greg Pilarowski, Lu Yue, **China Bans Initial Coin Offerings and Cryptocurrency Trading Platforms**, 2017, Pillar Legal, disponível em: http://www.pillarlegalpc.com/en/news/wp-content/uploads/2017/09/PL-China-Regulation-Watch-Cryptocurrency-2017-09-22.pdf

[158] Cf. Marie Huillet, **China's Supreme Court Rules That Blockchain Can Legally Authenticate Evidence**, 2018, Cointelegraph, disponível em: https://cointelegraph.com/news/chinas-supreme-court-rules-that-blockchain-can-legally-authenticate-evidence

[159] Disponível em: https://www.law.cornell.edu/ucc/index.html

[160] "Contract", as distinguished from "agreement", means the total legal obligation that results from the parties' agreement as determined by the Uniform Commercial Code as supplemented by any other applicable laws.

fine o acordo como a conclusão da negociação entre partes, de acordo com o seu idioma ou outras circunstâncias, incluindo o decorrer da execução, a negociação em si ou usos do comércio[161]. Por sua vez o UCC define o curso da execução como a sequência de atos entre partes relativos a uma concreta transacção que existirá se o acordo com vista à transacção incluir diversas oportunidades para a execução por uma das partes e a outra parte, tendo conhecimento da natureza da execução e oportunidade para a recusar, aceita-a ou não a rejeita[162]. Define o curso da negociação como sendo a sequência de atos relativos a anteriores transacções entre as partes que seja razoável supor que estabeleçam um ponto comum de entendimento para interpretar as suas expressões e condutas[163]. Finalmente define os usos do comércio como qualquer prática ou método de negociar, que seja de tal forma recorrente num lugar, ramo de actividade ou no comércio que justifique a criação de uma espectativa que tal será observado na transacção concreta, sendo que tal tem que ser factualmente provado[164].

Ora analisando o art. 2º, parte 2 do UCC relativo à forma e formação dos contratos, deste resulta que são necessários para a formação dos contratos: o acordo das partes, uma oferta e a aceitação da oferta. Tendo em conta que o UCC não define o que constitui uma oferta, cabe-nos recorrer ao § 24 do Restatement (Second) of Contracts que a define como sendo a manifestação

---

[161] "Agreement", as distinguished from "contract", means the bargain of the parties in fact, as found in their language or inferred from other circumstances, including course of performance, course of dealing, or usage of trade as provided in Section 1-303.

[162] A "course of performance" is a sequence of conduct between the parties to a particular transaction that exists if: (1) the agreement of the parties with respect to the transaction involves repeated occasions for performance by a party; and (2) the other party, with knowledge of the nature of the performance and opportunity for objection to it, accepts the performance or acquiesces in it without objection.

[163] A "course of dealing" is a sequence of conduct concerning previous transactions between the parties to a particular transaction that is fairly to be regarded as establishing a common basis of understanding for interpreting their expressions and other conduct.

[164] A "usage of trade" is any practice or method of dealing having such regularity of observance in a place, vocation, or trade as to justify an expectation that it will be observed with respect to the transaction in question. The existence and scope of such a usage must be proved as facts. If it is established that such a usage is embodied in a trade code or similar record, the interpretation of the record is a question of law.

de vontade de entrar em negociações[165]. Voltando ao UCC, do art. 2º, parte 2 deste resulta a flexibilidade nas possibilidades de conclusão de um acordo[166]. Quer isto dizer que os requisitos de forma não são exigentes para se reconhecer a validade do acordo entre partes e consequentemente do contrato e, portanto, a regra é a informalidade destes. Aliás basta que o contrato revele a existência de um acordo entre as partes para ser válido não tendo sequer que constar uma data relativa ao acordo (art. 2º, parte 2, § 2-204.1 e 2 do UCC). Sabendo isto parece que os smart legal contracts são abrangidos pela regulação constante do UCC e em particular os smart legal contracts relativos à venda de bens, pois são estes os contratos que o UCC regula.

Na UE, um exemplo de regulação indireta da tecnologia Blockchain e dos smart contracts é o regulamento (UE) nº 910/2014 relativo à identificação eletrónica e aos serviços de confiança para as transacções eletrónicas no mercado interno. Este, tal como o UETA e o ESIGN, visa conferir a mesma validade jurídica a meios eletrónicos idênticos a meios utilizados não eletronicamente. Estes meios, que são usualmente utilizados com a tecnologia Blockchain e smart contracts, são as assinaturas eletrónicas, documentos eletrónicos, meios eletrónicos de identificação de pessoas, selos eletrónicos e temporais/timestamps, entre outros. Esta equiparação para efeitos legais serve para dar credibilidade e confiança a estas novas tecnologias.

Na Itália, foi aprovada uma lei que define regras sobre e definições de Distributed Ledger Technology (DLT)[167] e smart contracts e consagra a validade de destes[168].

---

[165] An offer is the manifestation of willingness to enter into a bargain, so made as to justify another person in understanding that his assent to that bargain is invited and will conclude it. Disponível em: https://h2o.law.harvard.edu/collages/2684

[166] Cf. Marco Dell'Erba, **Do Smart Contracts Require a New Legal Framework? Regulatory Fragmentation, Self-Regulation, Public Regulation.**, 2018, p. 25, University of Pennsylvania Journal of Law & Public Affairs, disponível em: https://papers.ssrn.com/sol3/papers.cfm?abstract_id=3228445

[167] De forma muito sumária, DLTs são tecnologias de registo distribuído e descentralizado de informação e a Blockchain é um tipo de DLT.

[168] Cf. Jones Day, **Blockchain and Smart Contracts: Italy First to Recognize an Overarching Legal Foundation**, 2019, disponível em: https://www.jonesday.com/en/insights/2019/02/blockchain-and-smart-contracts-italy

Na China, o Hangzhou Court of the Internet, tribunal criado para lidar com litígios sobre comércio digital, tornou-se o primeiro tribunal a nível mundial a adoptar smart contracts na sua plataforma judicial Blockchain[169]. Visaram com isto criar a possibilidade de as partes transigirem e o resultante acordo legal ser adicionado à Blockchain para ser autoexecutado através do smart legal contract que é esse acordo legal.

Aproveito para fazer considerações finais neste capítulo para realçar a importância da harmonização de legislação a respeito destas tecnologias. Num mundo que se torna cada vez mais interligado e onde se esbatem mais as fronteiras, parece-me que a harmonização de legislação é fundamental para promover esta nova realidade reduzindo os entraves às operações internacionais. Acrescento que os reguladores nacionais e internacionais deverão seguir de perto estas novas tecnologias, até tendo em conta que normalmente a lei anda a correr atrás dos costumes, e não regular massivamente estas pois tal pode constituir um entrave à inovação e a não ser que o legislador esteja devidamente informado sobre estas tecnologias deverá abster-se de grandes regulamentações antes fornecendo princípios gerais pelos quais os intervenientes se deverão orientar[170]. Um exemplo disto é os EUA, que devido à tentativa de regulação massiva das Fintech, vê-se a ter que seguir o exemplo da Europa que permitiu até ao momento uma maior abertura à inovação no sector das Fintech[171].

---

[169] Cf. Miranda Wood, **Chinese internet court adopts blockchain smart contracts, processes 1.9 bn transactions**, 2019, Ledger Insights, disponível em: https://www.ledgerinsights.com/chinese-internet-court-blockchain-smart-contracts/

[170] Também neste sentido, ver, entre outros: Cristopher Giancarlo, **Keynote Address of CFTC Commissioner J. Christopher Giancarlo before the ISDA's Trade Execution Legal Forum**, 2016, CFTC, disponível em: https://www.cftc.gov/PressRoom/SpeechesTestimony/opagiancarlo-18

[171] Cf. Gabrielle Patrick, Anurag Bana, **Rule of Law Versus Rule of Code: A Blockchain-Driven Legal World**, 2017, IBA Legal Policy & Research Unit, pp. 21 e 22

7. Questões jurídicas levantadas pela tecnologia Blockchain

Já vimos no capítulo anterior que já foi reconhecida validade jurídica à tecnologia Blockchain, com a sua consagração legal em alguns países. Não obstante ainda há um longo caminho a percorrer até à sua consagração universal. Para já o que podemos fazer é levantar e tentar responder a algumas questões que rodeiam esta tecnologia.

Tendo em conta que a Blockchain pressupõe o registo da informação para ela enviada tem sido questionado se a Blockchain não operará uma "coisificação" das obrigações assumidas e por isso a aproximação do regime obrigacional ao regime real[172]. Como sabemos, apenas podem ser objeto de direitos reais as coisas corpóreas, autónomas e determinadas e os animais[173]. Ora estes estão sujeitos, entre outros, ao princípio da publicidade. Quer isto dizer que os factos jurídicos relativos aos direitos reais devem ser dados a conhecer ao público em geral[174]. A Blockchain cumpre esta função, pelo menos pode cumprir, isto se estivermos perante uma Blockchain pública cujo registo possa ser acedido por qualquer um. A Blockchain poderá ainda conter uma representação digital de coisas corpóreas ou não. Se for o caso poder-se-á ver uma aproximação do

---

[172] Cf. Diogo Pereira Duarte, **"Smart Contracts" e intermediação financeira**, 2019, p. 176, in FinTech II- Novos Estudos sobre Tecnologia Financeira, Almedina
[173] Cf. Luís Menezes Leitão, **Direitos Reais**, 2019, Almedina, 8ª edição, p. 53 a 55
[174] Cf. Luís Menezes Leitão, **Direitos Reais**, 2019, Almedina, 8ª edição, p. 24

regime obrigacional ao regime real, senão não por não estarmos perante uma realidade corpórea[175].

Outra questão que concerne à Blockchain é a possibilidade de se poder utilizar esta para criar organizações autónomas e descentralizadas (Decentralized Autonomous Organization ou DAO). Sem prejuízo da polémica à volta destas[176], as DAO são entidades digitais compostas por diversos utilizadores que "vivem" na plataforma Ethereum e se governam autónoma/independentemente através de instruções pré configuradas (autonomous smart contract), para isto utilizando a tecnologia Blockchain e smart contracts[177]. Às DAO não é, à data, atribuído qualquer estatuto legal. A isto junta-se o facto de poderem ser responsabilizados por esta, pelo menos em teoria, programadores e utilizadores e não tendo estas entidades o benefício da limitação da responsabilidade conferido a alguns tipos de pessoas colectivas, os utilizadores poderão ter justo receio de experimentar uma tal realidade. Por isso esta realidade deverá ser acompanhada pelos reguladores e se se considerar adequado, atribuir personalidade e capacidade jurídica às DAO, equiparar as DAO a algum tipo de pessoa colectiva, equiparar estas a um tipo de contrato de cooperação ou associação entre pessoas, atribuir às DAO o benefício da limitação da responsabilidade ou até criar um regime jurídico completamente diferente para regular as DAO.

Outro problema associado à tecnologia Blockchain e os smart contracts é o facto de estas não estarem preparadas para enfrentar e solucionar problemas como a celebração de negócios jurídicos por pessoas sem capacidade jurídica ou quando ocorrem vícios da vontade. A tecnologia Blockchain facilita a

---

[175] Isto sem prejuízo da discussão sobre a incidência de direitos reais sobre coisas incorpóreas.
[176] Sobre esta, ver entre outros: Samuel Falkon, **The Story of the DAO – Its History and Consequences**, 2017, The Startup, disponível em: https://medium.com/swlh/the-story-of-the--dao-its-history-and-consequences-71e6a8a551ee; Spreeha Dutta, **How Ethereum Reversed a $50 Million DAO Attack!**, 2019, Gitconnected, disponível em: https://levelup.gitconnected.com/how-ethereum-reversed-a-50-million-dao-attack-cee528d8c030
[177] GARCIA ROLO define-as como: "a smart contract conceptualized as a relatively autonomous and self-sufficient for-profit organization, which is jointly held by tokenholders who provide funding with cryptocurrency and share in its earnings.". Cf. António Garcia Rolo, **Challenges in the legal qualification of Decentralised Autonomous Organizations (DAOs): the rise of the crypto-partnership?**, 2019, p. 59, in Revista de Direito e Tecnologia, vol. 1 (2019), nº 1, disponível em: https://blook.pt/publications/fulltext/29467/

concretização deste tipo de problemas sobretudo em plataformas que privilegiem o anonimato ou o pseudoanonimato[178].

Outra questão que deixo em aberto é saber se a Blockchain terá no futuro um papel preponderante no âmbito dos registos e notariado. Até que ponto o registo e publicidade possíveis na Blockchain serão equiparados ao registo feito numa qualquer Conservatória (por exemplo, terá os mesmos efeitos legais da escritura pública?)?

Quanto ao problema sobre a aplicação da lei no espaço, e olhando para as regras de direito internacional privado europeu, diz-nos o regulamento Roma II[179], relativo à lei aplicável a obrigações extracontractuais, que, por regra, no âmbito da responsabilidade fundada em ato lícito, ilícito ou no risco, a lei aplicável é a lei do país onde ocorre o dano (art. 4º). Sucede que no mundo digital, o apuramento do país onde ocorre o dano não é fácil. No âmbito do enriquecimento sem causa e gestão de negócios, a lei aplicável é a resultante da relação entre as partes, se esta existir (art. 10º, nº 1 e 11º, nº 1). Relativamente à culpa na formação do contrato, a regra é a aplicação da lei que rege o contrato ou o regeria se este tivesse sido celebrado (art. 12º, nº 1). Sem prejuízo de tudo isto, as partes podem convencionar a subordinação de obrigações extracontractuais a uma lei à sua escolha desde que a convenção seja posterior ao facto que dê origem ao dano ou caso todas as partes desenvolvam actividades económicas, mediante convenção livremente negociada, anterior ao facto que dê origem ao dano (art. 14º, nº 1). Esta escolha tem que ser expressa ou pelo menos decorrer, de modo razoavelmente certo, das circunstâncias do caso e não prejudica direitos de terceiros (art. 14º, nº 1).

Já o regulamento Roma I[180], sobre a lei aplicável às obrigações contractuais, diz que a regra é a escolha das partes sobre qual a lei aplicável (art. 3º), sendo

---

[178] Situação mais corrente em que não se consegue identificar os utilizadores através da sua chave pública, mas como o registo da Blockchain é público tem-se acesso ao historial dessa chave pública facilitando a identificação do utilizador correspondente. Cf. Tiago da Cunha Pereira, **Guia Jurídico para a tecnologia Blockchain**, 2019, p. 395, in Revista de Direito Financeiro e dos Mercados de Capitais, nº 4, disponível em: https://rdfmc.blook.pt/wp-content/uploads/2019/10/RDFMC-2019-4.pdf

[179] Regulamento (CE) nº 864/2007, de 11 de Julho. Disponível em: https://eur-lex.europa.eu/legal-content/PT/TXT/?uri=celex%3A32007R0864

[180] Regulamento (CE) nº 593/2008, de 17 de Junho, disponível em: https://eur-lex.europa.eu/legal-content/PT/TXT/?uri=celex:32008R0593

que na falta de escolha se aplica o disposto nos arts. 4º a 8º. Finalmente, o regulamento (UE) nº 1215/2012, de 12 de Dezembro, relativo à competência judiciária, ao reconhecimento e à execução de decisões em matéria civil e comercial, estabelece quanto à competência a regra segundo a qual as pessoas devem ser demandadas no Estado-Membro onde residem, independentemente da sua nacionalidade (art. 4º, nº 1). O mesmo regulamento vem, porém, trazer muitos desvios à regra nos seus artigos 7º a 26º.

Apesar da competência internacional consagrada nestes e noutros diplomas, o problema surge na concretização prática destes num ambiente além--fronteiras e que privilegia o anonimato. Este problema caberá aos tribunais resolver através das normas de direito internacional privado.

A Blockchain poderá pôr em causa também a privacidade dos dados, pois a transparência desta faz com que a informação nela contida tenda a ser acessível pelos utilizadores. Esta tensão poderá ser maior ou menor consoante a ênfase do protocolo na transparência e entra em conflito com regulamentos existentes sobre este assunto como o RGPD.

O European Union Blockchain Observatory and Forum elaborou um relatório sobre os problemas legais que surgem com a tecnologia Blockchain e smart contracts e sobre práticas que o legislador europeu deverá adotar quando redigir legislação sobre Blockchain, defendendo um quadro regulatório claro e previsível para potenciar a utilização desta tecnologia, como forma de aumentar a inovação, o emprego e o crescimento económico na UE. Para tal os reguladores deverão fornecer princípios que orientem e atraiam investidores privados, sem descurar a proteção dos consumidores e os direitos dos cidadãos[181]. Com isto em mente, o relatório apresenta algumas ideias que deverão ser tidas em mente na altura de regular esta matéria[182]. Primeiro, deverão ser elaboradas definições sobre conceitos fundamentais como Blockchain e smart contracts como forma de uniformizar estes conceitos a nível europeu. Em segundo lugar, defende a harmonização da regulação destas matérias na

---

[181] Cf. European Union Blockchain Observatory and Forum, **Legal and Regulatory Framework of Blockchains and Smart Contracts**, 2019, pp. 5 e 7, disponível em: https://www.eublockchainforum.eu/sites/default/files/reports/report_legal_v1.0.pdf

[182] Cf. European Union Blockchain Observatory and Forum, **Legal and Regulatory Framework of Blockchains and Smart Contracts**, 2019, pp. 7 e 8, disponível em: https://www.eublockchainforum.eu/sites/default/files/reports/report_legal_v1.0.pdf

UE. Em terceiro lugar, os responsáveis por esta regulação deverão ser devidamente educados acerca destas tecnologias para as compreenderem bem. Finalmente, mas não menos importante, os reguladores deverão acompanhar de perto os desenvolvimentos nestas áreas, mantendo-se actualizados dos progressos mais recentes das mesmas.

7. 1. Em concreto: Qual a natureza jurídica da Blockchain?

Dentro das questões jurídicas relativas à tecnologia Blockchain, dedico um capítulo especial para analisar qual a natureza jurídica da Blockchain. Como tenho dito ao longo da dissertação, a Blockchain é uma tecnologia distribuída e descentralizada de registo eletrónico de dados. Assim irei analisar a natureza jurídica desta como tecnologia.

A Blockchain é uma estrutura de registo operada por diversos utilizadores. Como tal é suportada pelos utilizadores que mantêm o seu bom funcionamento. Os utilizadores estão ligados entre si de forma a poderem transacionar, transmitir e/ou receber informação, comunicar entre si e de uma forma geral operar a rede. Penso, por isso, que é fundamental apurar qual a natureza jurídica da relação entre utilizadores, se é que esta existe. Até para delimitar os contornos da responsabilidade dos mesmos[183]. Isto porque qualquer imputação de responsabilidades será de muito difícil concretização e fundamentação, se não se puder imputar uma relação concreta entre utilizadores. De facto muito difícil será de imaginar o cenário em que a actuação de um utilizador completamente alheio a outro o possa responsabilizar.

Pois bem no âmbito destas relações, como não há, em regra, uma estrutura hierárquica os utilizadores encontram-se ligados horizontalmente, isto é, ao mesmo nível. Por isso é dito normalmente que a Blockchain é uma "peer to peer network". Todavia, esta ligação diverge substancialmente das relações horizontais, por exemplo, dos grupos societários[184] em que estes por regra são sociedades que fazem parte de um grupo de facto ou de direito em que as ditas sociedades se encontram sob uma direção unitária e comum. Na Blockchain

---

[183] Este tópico será abordado no capítulo 10.1.
[184] Esta matéria encontra-se regulada nos arts. 481º e ss. do CSC.

não existe direção unitária nem existe fundamento para esta, uma vez que os utilizadores não estão vinculados nem por contrato de grupo paritário[185] ou de subordinação[186], nem por relação de participação[187], nem por domínio[188].

A ligação entre utilizadores pode eventualmente ser fundamentada através do fim comum que os utilizadores têm na Blockchain. Fim este que é, nem que seja, o normal desempenho e funcionamento da plataforma[189]-[190].

Relativamente aos utilizadores da Blockchain (desvinculados entre si), mas que prossigam fins comuns, concretamente comerciais, a resposta poderá passar pela aplicação, por analogia, aos utilizadores do regime da responsabilidade nos contratos de associação ou de consórcio[191]. Se diversas pessoas se juntam e através dos seus bens criam, por exemplo, uma Blockchain cujo fim é a prestação de serviços a terceiros ou o registo de informação entre as partes, ou se associam a ela, esta situação jurídica em tudo equivale a um contrato comercial de consórcio ou de associação em participação entre os utilizadores com as consequências legais decorrentes da equiparação a esses regimes[192]. Os utilizadores poderão votar em propostas para a Blockchain.

---

[185] Existe contrato de grupo paritário quando duas ou mais sociedades que não sejam dependentes nem entre si nem de outras sociedades constituam um grupo de sociedades, mediante contrato pelo qual aceitem submeter-se a uma direção unitária e comum (art. 492º, nº 1 do CSC).

[186] Existe contrato de subordinação quando uma sociedade subordina, mediante contrato, a gestão da sua própria actividade à direção de uma outra sociedade, quer seja sua dominante ou não (art. 493º, nº 1 do CSC).

[187] Uma sociedade participa noutra quando é titular de quotas ou ações dessa sociedade (art. 483º, nº 1 do CSC).

[188] Uma sociedade domina outra quando pode exercer sobre essa uma influência dominante (art. 486º, nº 1 e 2 do CSC).

[189] Cf. Dirk Zetzsche, Ross Buckley, Douglas Arner, **The Distributed Liability of Distributed Ledgers: Legal Risks of Blockchain**, 2017, p. 1390, in University of Illinois Law Review, vol. 2018, disponível em: https://illinoislawreview.org/wp-content/uploads/2018/10/BuckleyEtAl.pdf

[190] Como defesa desta tese pode-se indicar a existência de deveres jurídicos em função da vida em sociedade (a Blockchain é também uma comunidade) como, por exemplo, não praticar crimes, e em concreto, crimes contra a vida em sociedade (arts. 247º e ss. do CP).

[191] Sobre estes ver: dl nº 231/81, de 28 de Julho, disponível em: https://dre.pt/pesquisa/-/search/579479/details/normal?jp=true e José Engrácia Antunes, **Direito dos Contratos Comerciais**, 2019, Almedina

[192] Sobre esta questão, mas relativa às DAOs, ver: António Garcia Rolo, **Challenges in the legal qualification of Decentralised Autonomous Organizations (DAOs): the rise of the**

Esta pode reter os lucros e distribui-los pelos utilizadores, através de smart contracts. Se o investimento dos utilizadores causar danos a outros é da mais elementar justiça que estes possam ser responsabilizados por estes[193]. Portanto não reconhecer esta relação jurídica entre os utilizadores e as respetivas consequências jurídicas é quebrar a confiança das pessoas no sistema jurídico como um todo. Esta análise dependerá do caso concreto.

Se estivermos perante uma Blockchain empresarialmente concertada. Nestas a existência e a intensidade desses deveres será maior em função do contrato (expresso ou tácito) celebrado entre utilizadores, de forma a que se possa responsabilizar estes pelo incumprimento de deveres contratualmente estipulados.

Não me parece, todavia, que se deva equiparar e aplicar analogicamente às relações dos utilizadores e à Blockchain, o regime jurídico dos sócios e das sociedades. Isto porque tal pressuporia a atribuição de personalidade e capacidade jurídica à Blockchain. Não vejo qualquer problema que o legislador classifique, mediante a concretização de determinados requisitos, a Blockchain como pessoa colectiva com personalidade e capacidade jurídica[194] ou que os utilizadores decidam constituir uma pessoa colectiva que utilize e/ou tenha por base a tecnologia Blockchain. Até porque esta, conjugada com smart contracts, pode, potencialmente, exercer e cumprir melhor que pessoas humanas os seus direitos e deveres, em virtude desta não esquecer e não poder ser ameaçada ou subornada[195]. Agora atribuir aos utilizadores destas a natureza de sócios e à Blockchain a natureza de pessoa colectiva por analogia

---

crypto-partnership?, 2019, pp. 70 a 72, in Revista de Direito e Tecnologia, vol. 1 (2019), nº 1, disponível em: https://blook.pt/publications/fulltext/29467/

[193] Também neste sentido: Dirk Zetzsche, Ross Buckley, Douglas Arner, **The Distributed Liability of Distributed Ledgers: Legal Risks of Blockchain**, 2017, pp. 1400 e 1401, in University of Illinois Law Review, vol. 2018, disponível em: https://illinoislawreview.org/wp-content/uploads/2018/10/BuckleyEtAl.pdf

[194] De facto, Malta elaborou um consultation paper relativamente à TAS Bill e à atribuição a DLTs de personalidade jurídica. Ver: **Consultation Paper in relation to the establishment of Malta Digital Innovation Authority (MDIA) and the framework for the certification of Distributed Ledger Technology Platforms and related service providers**, 2018, disponível em: https://meae.gov.mt/en/Public_Consultations/OPM/Documents/PS%20FSDEI%20-%20 DLT%20Regulation%20Document%20OUTPUT.PDF

[195] Cf. Steve Tendon, Max Ganado, **Legal Personality for Blockchains, DAOs and Smart Contracts**, 2018, p. 3, in Revue Trimestrielle de Droit Financier, nº 1 (2018), disponível em:

parece-me errado por ser um escape à regra das sociedades cuja qualificação e atribuição de pessoalidade depende de critérios[196]. Assim estaríamos a atribuir a estas um vasto conjunto de direitos e deveres sem legitimidade e requisitos para tal.

Isto sem prejuízo das regras de interpretação e integração da lei e de podermos estar perante uma realidade de criação humana, com património afeto a ela, onde os utilizadores têm um título que cumpra a função de ação, quota ou parte social e cuja retenha e distribua lucros pelos utilizadores. Realço também que a Blockchain, conjugada com smart contracts, pode ser uma ótima ferramenta de governo e atendendo às inúmeras variantes que esta pode comportar e à quantidade infindável de utilizadores possíveis, não será difícil imaginar a criação de um protocolo que divida tarefas de administração e fiscalização entre múltiplos utilizadores, ou até a criação de um protocolo, que remeta parte ou todas estas funções para smart contracts autónomos (DAOs). Já existem inclusive plataformas que criam estruturas de direitos e obrigações quase-societários[197].

Certo é que estamos perante uma questão muito complexa que é preciso encarar para resolver a incerteza legal em torno da tecnologia Blockchain[198]. Da minha parte parece-me que a lei deverá permitir a atribuição de personalidade e capacidade jurídica à Blockchain, reconhecendo-a assim como pessoa jurídica, dando aos utilizadores a possibilidade de utilizarem essa

---

https://ganadoadvocates.com/wp-content/uploads/2018/06/rtdf2018_1_doctrine_tendon_ganado_tap.pdf

[196] Por exemplo existem requisitos obrigatórios para a constituição de sociedades comerciais como requisitos de forma do contrato de sociedade (art. 7º e ss. do CSC) e registo obrigatório do mesmo (art. 3º, nº 1, al. a) do CRCom). Das sociedades em geral podem-se ainda apontar o registo de contrato societário e a existência de participações sociais e órgãos societários.

[197] É o caso da DAO chamada Dash, em que os utilizadores em vez de terem ações, quotas ou partes sociais têm tokens e os direitos de participação dos utilizadores estão sujeitos à titularidade de um mínimo de tokens. Cf. António Garcia Rolo, **Challenges in the legal qualification of Decentralised Autonomous Organizations (DAOs): the rise of the crypto--partnership?**, 2019, p. 53, in Revista de Direito e Tecnologia, vol. 1 (2019), nº 1, disponível em: https://blook.pt/publications/fulltext/29467/.

Isto ao estilo, por exemplo, dos arts. 288º, nº 1 e 291º, nº 1 do CSC.

[198] Neste sentido também: Steve Tendon, Max Ganado, **Legal Personality for Blockchains, DAOs and Smart Contracts**, 2018, p. 2, in Revue Trimestrielle de Droit Financier, nº 1 (2018), disponível em: https://ganadoadvocates.com/wp-content/uploads/2018/06/rtdf2018_1_doctrine_tendon_ganado_tap.pdf

faculdade se assim o entenderem. Isto será muito importante para efeitos da responsabilização desta por danos, conferindo proteção aos consumidores e pessoas em geral contra criadores e utilizadores no anonimato, contra a Blockchain enquanto potencial interveniente de mercado e protegendo também os criadores e utilizadores de potencial responsabilidade ilimitada e solidária por danos[199].

Analisada a natureza da relação entre utilizadores da Blockchain, cumpre agora apurar a natureza jurídica da Blockchain enquanto tecnologia. Ora a tecnologia Blockchain, em concreto, é um programa de computador que é utilizado para registar informação. Sucede que o conceito de programa de computador não se encontra legalmente definido em Portugal. Sem prejuízo disso, o dl nº 252/94, de 20 de Outubro[200] regula a proteção jurídica conferida aos programas de computador. Neste os programas de computadores são equiparados a obras verificando-se a remissão de alguns aspetos da sua proteção para o CDADC. Por sua vez, o dl nº 122/2000, de 04 de Julho[201] regula a proteção jurídica conferida às bases de dados. Este define base de dados no seu art. 1º, nº 2 como: "a colectânea de obras, dados ou outros elementos independentes, dispostos de modo sistemático ou metódico e susceptíveis de acesso individual por meios electrónicos ou outros.". Estas tal como os programas de computadores também veem parte da sua regulação remetida para o CDADC.

Como tal para apurar a natureza jurídica da Blockchain enquanto tecnologia (que é um programa de computador e uma base de dados) é necessário apurar o conceito de "obra" perante o CDADC para averiguar se se pode subsumir tal realidade à Blockchain enquanto tecnologia. Assim, o art. 1º, nº 1 do CDADC define obras como: "criações intelectuais do domínio literário, científico e artístico, por qualquer modo exteriorizadas, que, como tais, são protegidas nos termos deste Código, incluindo-se nessa protecção os direitos

---

[199] Cf. Steve Tendon, Max Ganado, **Legal Personality for Blockchains, DAOs and Smart Contracts**, 2018, pp. 4 a 8, in Revue Trimestrielle de Droit Financier, nº 1 (2018), disponível em: https://ganadoadvocates.com/wp-content/uploads/2018/06/rtdf2018_1_doctrine_tendon_ganado_tap.pdf

[200] Disponível em: https://dre.pt/web/guest/pesquisa/-/search/625995/details/normal?l=1

[201] Disponível em: https://dre.pt/pesquisa/-/search/300833/details/maximized?print_preview=print-preview&perPage=50&q=Lei+n.%C2%BA%2010%2F97

dos respetivos autores.". Ora analisando esta definição concluo-o que a tecnologia Blockchain tem como natureza jurídica a obra. A tecnologia Blockchain é uma obra. Isto porque se trata de uma criação intelectual do domínio científico exteriorizada através de código e da Internet, que como tal, é protegida nos termos do CDADC (ex: arts. 36º, 217º e 223º do CDADC).

8. O Smart Contract Code: Qual o papel do Direito?

Como já disse, o smart contract code é código que executa determinadas instruções. Estes estão sujeitos aos limites gerais de Direito. Um exemplo destes consta dos arts. 280º e ss. do CC. Assim, de uma forma geral, não deverá ser permitido redigir ou activar smart contract code cuja execução seja contrária à lei, à ordem pública, contra os bons costumes, ... O mesmo se diga relativamente aos chamados direitos indisponíveis. Não deverá ser permitida a utilização de smart contract code para alterar estes ou para os transferir para outrem. Numa altura em que ainda não são claras todas as potencialidades do smart contract code dever-se-á proceder com cautela na hora de regular esta tecnologia, para não travar a inovação, mas sem descurar a proteção das pessoas. Aqui a padronização/standardização do smart contract code poderá ser muito útil para o delimitar e regular melhor, bem como para inspirar confiança na população em geral relativamente às qualidades desta tecnologia.

Seja como for, o Direito terá que ter em conta que o smart contract code operará uma transformação da linguagem empregada. Agora o foco será o código como instrumento de comunicação dos programadores com a plata-forma e da plataforma com os objetos destinatários finais do smart contract code e não a linguagem normalmente empregue por e entre humanos[202].

---

[202] Cf. Kevin Werbach, Nicolas Cornell, **Contracts Ex Machina**, 2017, p. 365, in Duke Law Journal, vol. 67:313, disponível em: https://scholarship.law.duke.edu/cgi/viewcontent.cgi?article=3913&context=dlj

Daqui resultarão consequências a nível de interpretação de negócios jurídicos. Com efeito dispõe o art. 236º do CC que:

> "1. A declaração negocial vale com o sentido que um declaratário normal, colocado na posição do real declaratário, possa deduzir do comportamento do declarante, salvo se este não puder razoavelmente contar com ele.
>
> 2. Sempre que o declaratário conheça a vontade real do declarante, é de acordo com ela que vale a declaração emitida."

Agora imagine-se que estamos perante negociação com ou entre DAOs. Estas, agindo através de smart contracts, podem fazer negócios por si visando obter o resultado previsto nos smart contracts (ex: gerir activos). Aqui sendo estas ora reais declarantes ora reais declaratárias e não se podendo deduzir comportamentos das DAOs ou conhecer da sua vontade real, porque não a têm, este preceito nestes casos pode ser posto em causa ou até alvo de reforma. Isto levanta também questões de personalidade e capacidade jurídica para negociar por parte de não pessoas aos olhos da lei.

Quanto à autoexecutoriedade que o smart contract code permite, existe também a questão sobre se a autoexecutoriedade, apesar de tecnologicamente possível, necessita de um reconhecimento legal desta para produzir efeitos legais como por exemplo a transferência de direitos entre pessoas[203].

---

[203] Sobre isto ver: Florian Möslein, **Conflicts of Laws and Codes: Defining the Boundaries of Digital Jurisdictions**, 2018, pp. 6 e ss., disponível em: https://papers.ssrn.com/sol3/papers.cfm?abstract_id=3174823

9. Smart Legal Contracts vs Contratos

9.1. A terminologia jurídica e o Smart Contract Code: flexibilidade versus rigidez

Os contratos têm as mais diversas variedades. Desde contratos mais simples como a compra e venda até contratos mais complexos que envolvem um conjunto mais ou menos vasto de direitos e deveres como o contrato de franchising, sendo que o próprio contrato de compra e venda pode ter diferentes graus de complexidade (por exemplo, a compra e venda de uma garrafa de água ou a de um estabelecimento comercial). A doutrina, jurisprudência e legislação têm, ao longo de vários séculos, desenvolvido e aprimorado conceitos jurídicos. Exemplos disto são a boa-fé, o cumprimento e incumprimento, o dever de lealdade, entre muitos outros. O principal desafio deste tópico, e ao que se procurará oferecer soluções, é como concatenar a linguagem jurídica com a linguagem de programação, também chamada de código. Existem diversas linguagens de programação, cada uma com características especificas que as faz ser mais uteis para umas operações que outras[204]. Exemplos disto

---

[204] Uma vez que a análise das diversas línguas de programação e suas características extravasa o âmbito da presente dissertação, remete-se para leituras da especialidade. Entre outros ver: Connor Blenkinsop, **Programming Languages Used in Blockchain, Explained**, 2019, Cointelegraph, disponível em: https://cointelegraph.com/explained/programming-languages-used-in-blockchain-explained?_ga=2.134929394.2091088881.1578584088-1489262504.1578584088; Ameer Rosic, **Blockchain Coding: The Many different Languages You Need!**, 2018, Blockgeeks, disponível em: https://blockgeeks.com/guides/blockchain-coding/

são a C++ (utilizada pela Bitcoin), JavaScript e Python. A plataforma Ethereum utiliza uma linguagem de programação chamada Solidity.

Pois bem, a técnica de redacção de contratos traduz-se, tradicionalmente, na expressão dos interesses das partes da forma mais clara possível, sendo que seguidamente se procura resolver a tensão entre redigir o contrato utilizando termos polivalentes, de forma a que se for necessário no futuro o tribunal possa interpretá-los, ou acautelar o máximo de cenários possíveis e gerir os riscos inerentes às diversas situações[205]. Ambas as hipóteses têm benefícios e custos, sendo que também se pode optar por uma mistura das duas. A redacção exaustiva de um contrato resulta em maiores custos na hora da sua formação, por exemplo custos de advogados para redigir tal contrato. Sem prejuízo do esforço resultante da redacção exaustiva de um contrato, é impossível prever todos os possíveis cenários que podem ocorrer e interferir com um determinado contrato. Por outro lado, ao definir mais precisamente os termos deste, tal pode reduzir eventuais custos de litigância e aumentar a confiança das partes e vice-versa.

Neste sentido, os smart legal contracts terão que ser redigidos o mais exaustivamente possível, na espectativa de prever o máximo de possibilidades, uma vez que a imutabilidade associada à Blockchain não permite a sua posterior alteração. Por isso, as partes também terão que acautelar os seus interesses, bem como prever o maior conjunto de cenários possíveis que possam interferir com o smart legal contract de forma a regularem o que acontecerá em cada situação. Não existe aqui a característica da flexibilidade associada aos contratos em geral e, portanto, a gestão do risco de situações futuras concebíveis terá que ser tão exaustiva quanto possível, porque não se poderá utilizar os métodos jurídicos tradicionais para resolver um possível empasse. Sem prejuízo disto, já existem meios de resolução de litígios assentes em plataformas Blockchain[206].

A linguagem de programação, como já referi, funciona numa lógica binária consequencial, ou seja, pressupõe a concretização dos requisitos definidos no smart legal contract para que o código execute as respetivas consequências.

---

[205] Cf. Jeremy M. Sklaroff, **Smart Contracts and the Cost of Inflexibility**, 2017, University of Pennsylvania Law Review, vol. 166, p. 279 a 282, disponível em: https://papers.ssrn.com/sol3/papers.cfm?abstract_id=3008899

[206] Desenvolverei isto no capítulo 9.2.

A linguagem de programação terá que se sujeitar ao Direito. Ou seja, os significados atribuídos pelo código têm que corresponder aos significados atribuídos pelo ordenamento jurídico aos diferentes conceitos. Agora é sabido que existem diversos conceitos jurídicos que têm diversos significados (boa-fé, *bonus pater familias*, dever de lealdade, princípio da legalidade, entre muitos outros). Aqui põe-se novamente uma questão de interpretação que é saber qual o sentido que as partes quiseram atribuir aquele conceito. Pois bem, parece-me que nestes casos se deve atribuir às partes o poder de decisão sobre qual o termo que as partes querem adotar sendo que tal terá que ficar definido previamente através da redacção do código. Isto com a base e os limites do princípio da autonomia privada, aplicando-se supletivamente as regras e princípios gerais de Direito. Esta concretização poderá ser feita ao informar as partes na hora de contratar dos possíveis significados que determinado conceito pode adotar, sendo que a desvantagem obvia desta solução é a introdução de um intermediário, a não ser que a própria plataforma adote um mecanismo através de um algoritmo que identifique diversos significados para um conceito e deixe as partes escolher qual o conceito que querem adotar.

Mais amplamente ponho aqui a questão sobre a possibilidade de interpretação e integração de smart legal contracts na esteira dos arts. 236º a 239º do CC ou pelo contrário se será necessário um novo regime para estas ferramentas jurídicas ou até se estas não serão possíveis devido às características dos smart legal contracts. A interpretação requer alguma flexibilidade. Nisto os smart contracts não ajudam pois são inflexíveis. Uma hipótese interessante para resolver este problema poderá ser a redacção de um smart legal contract, que remeta possíveis litígios, através de código para um tribunal que aqui desempenharia um papel semelhante ao de um oráculo. As partes poderiam indicar a existência de um litígio através da utilização das respectivas assinaturas digitais. Isto provocaria a suspensão do smart contract. Este seria seguidamente enviado para o tribunal que as partes escolheram, dentro dos limites legais, para se pronunciar sobre a situação e quando o fizesse, este emitiria a informação para a Blockchain para o smart contract se executar em conformidade. É claro que esta solução implica meios tecnológicos ainda não existentes ou pelo menos não aplicados e pode prejudicar a celeridade da execução das instruções (característica típica dos smart contracts). Mais uma vez as partes terão que ponderar bem estas hipóteses e decidir. Parece-me, contudo, que se a interpretação e integração de smart contracts for possível, não será necessário virar as costas a centenas ou milénios de maturação destas técnicas, a favor de um novo regime. A dificuldade apresentada pelos smart contracts é uma dificuldade de forma e execução e não de conteúdo.

Finalmente aproveito para dizer que estas considerações relativas à adaptação do código à linguagem jurídica aproveitam não apenas a contratos (smart legal contracts), mas antes a todo o tipo de realidades que requeiram ou em que se utilize smart contract code.

9.2. O fim dos tribunais!?

À concretização dos smart contracts e a sua articulação com a tecnologia Blockchain é muitas vezes associada a ideia de que já não será mais necessário o papel do julgador. Isto porque estamos perante tecnologias que permitem a execução automática e coerciva de instruções que são imutáveis. Existem inclusive plataformas Blockchain que visam principal ou acessoriamente a resolução de litígios[207]. Não me parece, contudo, que tal se afigure correto. De facto, como veremos mais à frente, os tribunais poderão ser chamados a resolver litígios entre partes envolvidas num smart contract. O que muda aqui é que quando o tribunal for chamado a resolver o litígio, o smart contract já se terá autorrealizado, competindo ao tribunal, validar a actuação do smart contract, alterar parcialmente os efeitos dele ou determinar a compensação ou indemnização da parte contrária. Portanto, estes mecanismos de resolução de litígios, como veremos, apresentam-se como uma alternativa aos tribunais judiciais e não como uma tentativa de encerrar os tribunais judiciais, aproximando-se mais de meios alternativos de resolução de litígios. Com efeito, os tribunais judiciais não intervêm apenas quando as partes estão vinculadas entre si, e como já vimos, a Blockchain integra diversas interações entre utilizadores que não têm qualquer relação entre si e os smart contracts não se restringem aos smart legal contracts, antes são apenas uma pequena parte destes. A isto acrescento que a tecnologia Blockchain possui características valiosas

---

[207] Exemplos disto são as plataformas Mattereum ou Jur.

no âmbito de fazer cumprir a lei. De facto, a imutabilidade e a transparência, a ela associadas são ótimas para acompanhar, por exemplo, as transacções nela registadas tornando-se mais fácil o acesso à informação.

Um exemplo de decisões judiciais aplicadas à tecnologia Blockchain e smart contracts é a elaborada pelo Tribunal de Comércio Internacional de Singapura. No caso concreto, o que sucedeu foi que em 19 de Abril de 2017, na plataforma Quoine, a empresa investidora em criptomoeda B2C2 vendeu, por sete vezes, ether pelo preço de 10 bitcoin por 1 ether, acumulando um total de 3.092 bitcoins. Ora à data das vendas, 1 bitcoin valia 1.223 dólares[208]. Por sua vez, 1 ether valia 51 dólares[209]. Sabemos que a B2C2 vendeu 309,2 ethers pelo valor de 3.092 bitcoins. Logo, traduzindo para dólares e por valores aproximados, a B2C2 trocou 15.759 dólares (valor das 309 ethers) por 3.781.516 dólares (valor das 3092 bitcoins). Depois das bitcoins serem creditadas na conta da B2C2 e as ethers debitadas, a Quoine reparou que a taxa de câmbio da troca era substancialmente superior à taxa normal e por isso cancelou as sete trocas, revertendo os balanços aos seus estados iniciais pré-trocas[210]. Tal fez com que a B2C2 intentasse uma ação judicial contra a Quoine invocando incumprimento contratual por a alteração unilateral das transacções violar os termos e condições que regiam a relação entre estes, não tendo a Quoine direito a fazê-lo e consubstanciando a extração das bitcoins da sua conta uma violação da confiança[211]. Finalmente, o tribunal julgou que a conduta da Quoine originou incumprimento contratual e violação da confiança, reconhecendo à B2C2 o direito a uma indemnização pelos danos sofridos[212].

---

[208] Cf. Coindesk, disponível em: https://www.coindesk.com/price/bitcoin

[209] Cf. Coindesk, disponível em: https://www.coindesk.com/price/ethereum

[210] Singapore International Commercial Court, **B2C2 Ltd v Quoine Pte Ltd [2019] SGHC (I) 03**, 2019, p. 2, disponível em: https://www.sicc.gov.sg/docs/default-source/modules-document/judgments/b2c2-ltd-v-quoine-pte-ltd_a1cd5e6e-288e-44ce-b91d-7b273541b86a_8de9f2e2-478e-46aa-b48f-de469e5390e7.pdf

[211] Cf. Singapore International Commercial Court, **B2C2 Ltd v Quoine Pte Ltd [2019] SGHC (I) 03**, 2019, p. 3, disponível em: https://www.sicc.gov.sg/docs/default-source/modules-document/judgments/b2c2-ltd-v-quoine-pte-ltd_a1cd5e6e-288e-44ce-b91d-7b273541b86a_8de9f2e2-478e-46aa-b48f-de469e5390e7.pdf

[212] Cf. Singapore International Commercial Court, **B2C2 Ltd v Quoine Pte Ltd [2019] SGHC (I) 03**, 2019, pp. 107 e 108, disponível em: https://www.sicc.gov.sg/docs/default-source/modules-document/judgments/b2c2-ltd-v-quoine-pte-ltd_a1cd5e6e-288e-44ce-b91d-7b273541b86a_8de9f2e2-478e-46aa-b48f-de469e5390e7.pdf

A questão central deste subcapítulo é a potencial desjudicialização da justiça, ou seja, o recurso a meios extrajudiciais como forma de resolução de litígios. Ora o recurso a meios extrajudiciais como forma de resolução de litígios não é só por si novo. Onde poderão surgir problemas será nas plataformas que utilizem regras de resolução de litígios e apliquem decisões que não se coadunem com a legislação vigente. Nestes casos as plataformas deverão ser forçadas a cumprir a lei sob pena de serem encerradas compulsivamente.

Existem já tentativas e criação de mecanismos que visam a resolução de litígios aproveitando as características da Blockchain. Um mecanismo para resolução de litígios na Blockchain pode passar pela possibilidade de utilizadores endereçarem questões cuja resposta será determinada por um mecanismo descentralizado[213]. A condenação de partes por estes, chamemos-lhes, tribunais descentralizados, está limitada efetivamente à garantia que as partes depositem. Estes tribunais descentralizados poderão funcionar através de árbitros que serão utilizadores da Blockchain. As partes, no âmbito do seu smart legal contracts, poderão prever como e quem irá resolver o seu litígio caso este surja e qual a lei aplicável dentro dos limites legais, podendo-se inclusive submeter às regras determinadas por uma plataforma Blockchain de resolução de litígios. Sem prejuízo disto, estes não deverão ser utilizados para todo o tipo de litígio. Um exemplo disto são os chamados direitos indisponíveis que pela sua importância não deverão, na minha opinião, dispensar o papel dos tribunais estaduais.

Por tudo o que disse neste capítulo parece-me que estas tecnologias não levarão à extinção dos tribunais. Irão sim retirar alguma pressão e trabalho aos tribunais e aumentar a extensão da proteção conferida às pessoas ao acautelar todo o tipo de interesses com valor monetário, seja este significativo ou reduzido.

---

[213] Cf. Vitalik Buterin, **Decentralised Court**, 2017, Reddit, disponível em: https://www.reddit.com/r/ethereum/comments/4gigyd/decentralized_court/

9.3. Haverá necessidade de um novo quadro regulatório? Questões jurídicas levantadas pelos Smart Contracts

Antes demais, é essencial perguntar se smart legal contracts são contratos tal como definidos pela teoria geral do direito civil.

Em moldes gerais pode-se definir o contrato como o negócio jurídico bilateral, que, através de declarações de vontade e utilizando as faculdades da liberdade de estipulação e celebração, visa a produção de efeitos jurídicos. Este tem por base e limite o princípio da autonomia privada. Neste sentido, os smart legal contracts são contratos, por se tratarem de convergência de vontades, traduzida para código, com vista a produção de efeitos jurídicos. São também contratos eletrónicos nos termos dos arts. 24º do dl nº 7/2004, de 07 de Janeiro e a sua validade ou eficácia não é prejudicada pela utilização de meios eletrónicos ou informáticos (art. 25º, nº 1).

A ideia por detrás dos smart legal contracts é facilitar a execução de contratos. Os contratos, em geral, têm alguns desafios por resolver. A onerosidade de redacção dos contratos, com custos de advogados é um exemplo disto. Também perante o valor do objeto do contrato pode não valer a pena reduzir a escrito um tal contrato (em princípio pelo seu diminuto valor), aumentando assim o risco de incumprimento do mesmo e o risco de falta de prova. Mais mesmo que o contrato seja reduzido a escrito, alvo de registo..., este nunca se poderá executar por si só antes dependendo, em caso de incumprimento do mesmo, de ação judicial nesse sentido. Ações judiciais que também têm, em regra, custas processuais, morosidade associada, entre outros. Mais, em países de common law é apontada à contract law ineficiências como a inconsistência na interpretação de contratos e injustiça nas regras relativas ao incumprimento de contratos[214].

Por tudo isto a ideia de smart legal contracts é tão interessante, porque utilizando código e a tecnologia de registo Blockchain é possível duas pessoas redigirem um contrato com os termos que pretendem e enviarem-no para a Blockchain que guarda o contrato, verifica a sua validade e o executa,

---

[214] Cf. Mark P. Gergen, **A Theory of Self-Help Remedies in Contract**, 2009, Boston University Law Review, vol. 89:1397, pp. 1418 a 1420, disponível em: http://www.bu.edu/law/journals-archive/bulr/documents/gergen.pdf

não sendo necessária colaboração da outra parte. Desde que seja criado um interface vocacionado para o utilizador comum, será fácil a estes redigirem contratos. Mais independentemente do valor do objeto do contrato, este estará sempre registado na Blockchain, existindo prova da sua existência, caso seja necessário. Sem prejuízo disto existem contratos (como, por exemplo, contratos comerciais entre multinacionais) que, por conterem um enorme aglomerado de cláusulas que protegem as partes contra diversas eventualidades são de tal maneira complexos que terão que ser exaustivamente regulados antes de os enviar para a Blockchain. Certo é que para esta tecnologia vingar os smart legal contracts terão que responder aos problemas do dia a dia de forma mais eficaz que os contratos, sendo certo que ambos têm vantagens e desvantagens.

Daí surgem questões como: E se para a celebração de um determinado contrato for necessária escritura pública? O registo do smart legal contract na Blockchain é suficiente? E se houver alterações da lei durante a vigência de um smart legal contract, aplicáveis a este? De que mecanismos legais poderão as partes dispor? E se não se conseguir identificar as partes para efeitos de apuramento de responsabilidades? Qual a legislação aplicável em smart contracts de aplicação internacional?

Por tudo isto existe a necessidade de regular esta nova realidade dos smart contracts. E por isso se volta à questão central sobre se é necessário um novo regime para os smart legal contracts ou se pelo contrário se pode integrar estes no ramo do direito dos contratos. Para responder a tal questão é necessário entender o que os contratos e smart contracts têm em comum, o que os distingue, ou seja, o que os smart contracts vêm trazer de diferente, e a necessidade de ajustar o sistema jurídico a essas diferenças.

Começando pelo que têm em comum, posso desde já afirmar que os contratos apenas têm em comum com o smart contract code, o facto de serem meios para a produção e demonstração de um acordo de vontades. De resto, o smart contract code, que é no fundo código ou linguagem de programação, nada tem em comum com o negócio jurídico bilateral baseado na autonomia privada gerador de um vínculo jurídico entre as partes, que é o contrato. Quanto às semelhanças destes com smart legal contracts, existem substancialmente mais. Não só por os smart legal contracts serem o meio proveniente do smart contract code através do qual se autoexecutam contratos,

9. SMART LEGAL CONTRACTS VS CONTRATOS

na Blockchain. Como também a criação de smart legal contracts pressupõe a negociação entre partes do clausulado cujo resultado vincula as partes. As únicas características que distinguem os smart legal contracts dos contratos em geral é o facto de estes serem redigidos numa língua diferente (código) e o facto de se autoexecutarem (em função do smart contract code).

Assim, a sua autoexecutoriedade é a principal diferença entre os dois. Como sabemos, a celebração de contratos entre partes gera direitos e deveres. As partes estão adstritas a deveres pré-contractuais (art. 227º do CC), contractuais (por exemplo: art. 762º, nº 1 do CC) e algumas vezes pós-contractuais (exemplo: cláusula de proibição (temporária) de concorrência após venda de estabelecimento comercial). Estes podem respeitar à obrigação principal ou podem ser acessórios a esta (ex: dever de boa-fé consagrado no art. 762º, nº 2 do CC). Se nos contratos as partes têm deveres para com a outra parte no âmbito da execução do contrato é justo perguntar se as partes de um smart legal contract também as têm. Tendo em conta que se trata de um contrato que se autoexecuta, eu diria que, no âmbito da execução do contrato, as partes não têm deveres a cumprir, exceto em aspetos em que possam actuar ou influenciar (ex: não actuar no sentido de frustrar o objetivo que a contraparte visa com aquele contrato). Isto porque as partes já estabeleceram garantia dos respetivos montantes e já foram previstos diversos cenários de actuação do código no caso de as condições se concretizarem. Quanto aos deveres pré e pós-contractuais, penso que os mesmos se devem manter se dependerem da actuação ou omissão das partes.

Esta autoexecução mais a tendencial imutabilidade associada à Blockchain faz com que aos smart legal contracts seja apontada a sua rigidez como possível desvantagem. Isto porque estes não são sensíveis a fenómenos como o da resolução ou modificação do contrato por alteração das circunstâncias (art. 437º do CC), e podem inclusive autoexecutar-se, indo contra uma decisão judicial[215] e se ocorrerem erros na introdução da informação ou inscrição do código que executa os contratos tal pode ser um problema. Pois bem, este argumento vê, no fundo, as características da Blockchain como uma desvantagem, pois se é

---

[215] No entanto o que poderá ser feito no âmbito de execução de sentença/acórdão relativo a smart legal contracts é a obtenção por parte do tribunal do acesso à chave privada do executado para celebrar com o exequente um smart contract que será emitido para a Blockchain com os termos da sentença/acórdão.

BLOCKCHAIN E SMART CONTRACTS

verdade que a tendencial imutabilidade das Blockchains protege a autenticidade e integridade dos dados, aumentando a confiança nela, e aplicada aos smart contracts reduz o risco de incumprimento, também é verdade que a imutabilidade comporta as desvantagens supra referidas.

Tudo se traduzirá, mais uma vez, na ponderação dos valores em causa e, se for caso disso, na criação de um protocolo mais flexível, de forma a que se consiga alterar a informação constante da Blockchain sobre critérios apertados e muito bem definidos, se bem que isto não é recomendado pois esta possibilidade reduz a segurança da Blockchain. Esta alteração de informação poderá passar pela criação de hard forks na rede quando tal se justifique, situação em que os utilizadores deverão todos acordar previamente e seguirem a nova Blockchain, de forma a que esta não perca poder computacional. Esta solução não é, contudo, concebível nem adequada para alteração de operações e transacções do quotidiano, que pela sua quantidade resultaria na paralisação da Blockchain ou na criação de diversas ramificações na Blockchain.

A imutabilidade dos dados introduzidos na Blockchain é também um problema no ponto de vista das formas de transmissão e extinção das obrigações. Com efeito, o ciclo das obrigações não se reduz à assunção e cumprimento de obrigações, antes o Código Civil oferece-nos diversas causas de transmissão e extinção das obrigações que não apenas o cumprimento[216].

Sem prejuízo do que acabei de dizer existem esforços no sentido de combater estes problemas sem perder a característica de imutabilidade. Um artigo interessante neste sentido é o de MARINO e JUELS que mostram, no âmbito da contract law, possibilidades de alteração e extinção de smart contracts na plataforma Ethereum. No âmbito da extinção[217] dos smart contracts, estes

---

[216] São causas de transmissão das obrigações: a cessão da posição contratual (art. 424º e ss.), a cessão de créditos (art. 577º e ss.), a sub-rogação (art. 589º e ss.) e a assunção de dívida (art. 595º e ss.). Por sua vez são causas de extinção das obrigações, além do cumprimento (art. 762º e ss.): a revogação (art. 406º, nº 1), a resolução (art. 432º e ss.), a denúncia, a caducidade, a oposição à renovação, a prescrição (art. 300º e ss.), a impossibilidade superveniente da prestação (art. 790º e ss.), a alteração das circunstâncias (art. 437º), a dação em cumprimento (art. 837º a 839º), a dação «pro solvendo» (art. 840º), a consignação em depósito (art. 841º e ss.), a compensação (art. 847º e ss.), a novação (art. 857º e ss.), a remissão (art. 863º e ss.) e a confusão (art. 868º e ss.).

[217] Quando falo em extinção de smart contracts refiro-me à extinção da produção de efeitos jurídicos e não ao desaparecimento do smart contract, pois a sua associação à Blockchain faz com que estes não possam ser apagados dela.

começam por formular hipóteses acerca do que o smart contract code deve conseguir fazer para que os smart legal contracts possam ser "terminated"[218]. Começam por dizer que se o smart legal contract prever a sua extinção por resolução, o smart contract code terá que conseguir: 1) parar a sua execução automática; 2) condicionar a sua extinção à verificação de justificação para resolução e ao seu efetivo exercício; 3) compensar automaticamente as partes pela execução parcial. Já se o smart legal contract prever a sua extinção por revogação, o smart contract code terá que conseguir: 1) parar a execução automática do smart legal contract; 2) condicionar a sua extinção ao mútuo acordo das partes; 3) compensar automaticamente as partes pela execução parcial do contrato. Finalmente se um smart legal contract for alvo de extinção por decisão judicial, o smart contract code terá que conseguir: 1) parar a execução automática do smart legal contract; 2) condicionar a sua extinção a uma efetiva decisão de um tribunal competente; 3) compensar automaticamente as partes pela execução parcial do contrato[219].

Quanto à extinção de smart legal contracts na Ethereum, esta é possível através da inserção nestes de código na forma de uma função de autodestruição, que será similar a estes exemplos:

```
function terminate() {
   if (partyWithTerminationRightOrCourt == msg.sender) {
   selfdestruct( partyReceivingContractBalance ); }}
```

ou

```
function suggestRescissionByAgreement() {
   if ( partyWithoutTerminationRight == msg.sender) {
```

---

[218] A "termination", no contract law, tem por base o conceito de "rescission". Este traduz-se na possibilidade de um contrato ser cancelado, sendo que este cancelamento origina o fim retroactivo de produção dos seus efeitos. Os contratos podem ser "terminated by right" ou resolvidos; "rescinded by agreement" ou revogados; e "rescinded by court" ou extintos por decisão judicial. Cf. Bill Marino, Ari Juels, **Setting Standards for Altering and Undoing Smart Contracts**, 2016, p. 153, in Jose Julio Alferes, et. al., Rule Technologies. Research, Tools and Applications

[219] Cf. Bill Marino, Ari Juels, **Setting Standards for Altering and Undoing Smart Contracts**, 2016, pp. 154 e 155, in Jose Julio Alferes, et. al., Rule Technologies. Research, Tools and Applications

```
function approveRescissionByAgreement()
    if (partyWithTerminationRight == msg.sender) {

selfdestruct(partyWithoutTerminationRight); }}}[220]
```

Quanto à modificação de smart legal contracts, os mesmos autores referem também que o smart contract code terá que conseguir, no âmbito de modificação unilateral do smart legal contract: 1) parar a execução automática da versão original do smart legal contract e ao mesmo tempo iniciar a execução automática do smart legal contract, de acordo com as novas cláusulas; 2) condicionar a modificação unilateral ao correspondente exercício efetivo de um direito nesse sentido; 3) compensar as partes na devida proporção pela execução parcial de cláusulas agora modificadas e portanto extintas. Se se tratar de uma modificação do smart legal contract por acordo, o smart contract code terá que conseguir: 1) parar a execução automática da versão original do smart legal contract e ao mesmo tempo iniciar a execução automática do smart legal contract, de acordo com as novas cláusulas; 2) condicionar a modificação a um acordo concretamente realizado entre as partes; 3) compensar as partes na devida proporção pela execução parcial de cláusulas agora modificadas. Finalmente se um smart legal contract for alvo de modificação por decisão judicial, o smart contract code terá que conseguir: 1) parar a execução automática da versão original do smart legal contract e ao mesmo tempo iniciar a execução automática do smart legal contract, de acordo com as novas cláusulas; 2) condicionar a modificação a uma efetiva decisão de um tribunal competente; 3) compensar as partes na devida proporção pela execução parcial de cláusulas agora modificadas[221].

Volto a frisar que esta programação terá que ser toda feita no momento de formação do smart legal contract, visto que uma vez inserido na Blockchain não poderá ser alterado. Quanto à possível execução da sentença/acórdão

---

[220] Para ver linhas de código que cumpram todas as condições que o smart contract code terá que cumprir nas diversas circunstâncias, ver: Bill Marino, Ari Juels, **Setting Standards for Altering and Undoing Smart Contracts**, 2016, pp. 160 e 161, in Jose Julio Alferes, et. al., Rule Technologies. Research, Tools and Applications

[221] Cf. Bill Marino, Ari Juels, **Setting Standards for Altering and Undoing Smart Contracts**, 2016, pp. 156 a 158 e 164, in Jose Julio Alferes, et. al., Rule Technologies. Research, Tools and Applications

9. SMART LEGAL CONTRACTS VS CONTRATOS

relativo a smart legal contracts, para esta ser eficaz é necessário o acesso à chave privada do executado, pois é através desta que este tem acesso aos seus fundos na Blockchain. Regulação sobre a revelação de chaves privadas às autoridades competentes já existe em alguns países. Entre eles: Austrália[222], França[223] e Reino Unido[224].

Agora e se ocorrer um erro de programação? O dl nº 7/2004, de 07 de Janeiro consagra tanto a contratação eletrónica (art. 24º e ss.) como a automatizada (isto é sem intervenção humana) (art. 33º). Ora este art. 33º, no seu nº 2, prevê a aplicação do instituto jurídico do erro nos casos de erro de programação (caso em que será tratado como erro na formação da vontade- art. 251º a 256º do CC), defeito de funcionamento da máquina (caso em que será tratado como erro na declaração- art. 247º do CC) e se a mensagem chegar deformada ao destino (caso em que será tratado como erro na transmissão da declaração- art. 250º do CC).

Surgem aqui problemas quando se confronta estes regimes com a contratação automatizada[225]. Isto porque no caso do erro na declaração, na transmissão da declaração, e sobre a pessoa ou objeto do negócio é elemento essencial da sua aplicação que o declaratário conhecesse ou não devesse ignorar a essencialidade, para o declarante, do elemento sobre que incidiu o erro. A questão que ponho é como uma parte ou um autómato terá esta consciência, sobretudo atendendo que a Blockchain propicia um ambiente em que as partes contratantes podem e muitas vezes serão desconhecidas uma da outra, independentemente de serem ou não autómatos. A verdade é que nem o CC, nem o dl nº 7/2004, de 07 de Janeiro foram pensados para estas novas tecnologias, surgindo com isso manifestas dificuldades na aplicação prática do regime da nulidade e anulabilidade, sobretudo se juntarmos os smart

---

[222] Cybercrime Act 2001, schedule 2, 12 after section 3L e 28 after section 201, disponível em: https://www.legislation.gov.au/Details/C2004C01213

[223] Loi nº 2001-1062 du 15 novembre 2001, article 30, disponível em: https://www.legifrance.gouv.fr/affichTexte.do?cidTexte=JORFTEXT000000222052

[224] Regulation of Investigatory Powers Act 2000, part III, disponível em: http://www.legislation.gov.uk/ukpga/2000/23/contents

[225] Para um desenvolvimento aprofundado desta, ver: David Oliveira Festas, **A Declaração Negocial Automatizada – Da sua Natureza Jurídica e do Erro Humano e Defeito de Máquina no seu Processo de Emissão e de Transmissão**, 2003

contracts a uma tecnologia de registo imutável de dados como é a tecnologia Blockchain[226].

Em jeito de conclusão deste capítulo, respondo negativamente à questão inicial sobre se é necessário um novo quadro regulatório/legislativo para os smart contracts. O direito dos contratos não deverá ser afastado ab initio dos smart legal contracts. Efetivamente já existe legislação que atribui validade jurídica (mesmo que indiretamente) a smart contracts. Como tal até poderá ser útil redigir leis que concretizem estas matérias, mas não afastar a aplicação do direito dos contratos aos smart legal contracts, antes sim utilizar as técnicas jurídicas de interpretação e integração para os regular tendo por base o direito dos contratos. Como meio de resposta a questões sobre a aplicação da lei no espaço relativa àquele smart contract concreto, poderá ser útil a harmonização de legislação e princípios gerais pelos quais as partes e os smart contracts se devam reger, como forma de atenuar os custos das partes e não bloquear a inovação tecnológica.

---

[226] Cf. Hugo Ramos Alves, **Smart contracts: entre a tradição e a inovação**, 2019, in FinTech II- Novos Estudos sobre Tecnologia Financeira, Almedina, p. 213

10. Responsabilidade na Blockchain

Desde já fica o aviso que tendo em conta que a tecnologia Blockchain pode comportar diversas variantes, procurar-se-á estabelecer um quadro geral da responsabilidade. Sem prejuízo disto, as questões jurídicas variarão em função das características da Blockchain concreta. Mais aviso que sem prejuízo das diversas naturezas de responsabilidade existentes, este capítulo focar-se-á na responsabilidade civil dos seus intervenientes.

Os maiores desafios a este respeito surgirão provavelmente nas plataformas que sejam abertas ao público ou permissionless. Isto porque nestas é mais provável encontrar utilizadores de várias naturezas e de diversos pontos geográficos. Em Blockchains privadas ou permissioned isto será menos provável, pois as condições de acesso restringem o número de utilizadores de determinada Blockchain privada e tal facilita a identificação dos utilizadores da mesma, sendo que pode também acontecer estas Blockchains terem uma entidade que as gere permitindo apurar mais facilmente responsabilidades.

A responsabilidade nas Blockchains surgirá, senão sempre, quase sempre por condutas dos utilizadores. Estes são os responsáveis pela Blockchain. Só estes podem enviar informação e interagir com a Blockchain e entre si. É verdade que existem infindáveis tipos de utilizadores, podendo estes desempenhar mais ou menos tarefas e da mais variada espécie na Blockchain. Mas também por isso a amplitude da responsabilidade a que potencialmente estarão sujeitos será diferente. No final o facto que desencadeará a responsabilidade civil será quase sempre provocado por um ou mais utilizadores.

Finalmente deixo o aviso que, por a matéria extravasar o âmbito da dissertação, direi sem grande desenvolvimento que no âmbito da proteção de dados, a informação recolhida terá que cumprir o disposto no RGPD e demais legislação sobre a proteção de dados, sob pena de responsabilização.

10.1. Responsabilidade dos utilizadores em geral

A descentralização caracterizadora da tecnologia Blockchain comporta dificuldades, nomeadamente devido à actuação de muitos utilizadores da plataforma Blockchain, tornando-se complicado apurar responsabilidades pelas operações e pela segurança e integridade da informação. Os utilizadores poderão estar sujeitos a diferentes jurisdições e requisitos legais consoante a sua localização e conforme sejam pessoas singulares ou colectivas. A isto acrescenta-se que consoante o protocolo privilegie mais a transparência ou a privacidade tal poderá dificultar a identificação dos intervenientes na plataforma e a sua responsabilidade por eventos que ocorram nela.

Actualmente, nas Blockchains mais relevantes, a regra é a possibilidade de identificação dos utilizadores[227]. Isto facilita a tarefa de imputação de responsabilidades. Mas esta tendência pode alterar-se no futuro. Se tal acontecer tornar-se-á mais difícil identificar os utilizadores. Quanto aos utilizadores, estes deverão ser responsabilizados pelas suas ações e quanto a iniciativas de regulação, as autoridades poderão restringir ou aconselhar o acesso e utilização de certas Blockchains ou aplicações descentralizadas, consoante a definição de critérios, inclusive podendo participar nestas como utilizadoras ou até criarem as suas próprias Blockchains[228]. Nas permissioned Blockchains e em Blockchains centralizadas onde iniciativas empresariais serão mais prováveis, a responsabilidade será, em princípio, mais fácil de apurar e não será de duvidar a existência de uma relação entre os utilizadores e consequentemente

---

[227] Cf. European Union Blockchain Observatory and Forum, **Legal and Regulatory Framework of Blockchains and Smart Contracts**, 2019, pp. 18 e 19, disponível em: https://www.eublockchainforum.eu/sites/default/files/reports/report_legal_v1.0.pdf

[228] Cf. European Union Blockchain Observatory and Forum, **Legal and Regulatory Framework of Blockchains and Smart Contracts**, 2019, pp. 16 e 17, disponível em: https://www.eublockchainforum.eu/sites/default/files/reports/report_legal_v1.0.pdf

a imposição de deveres. Nestas quem tiver mais controlo sobre a Blockchain será em princípio mais facilmente alvo de imputação de responsabilidades por eventos ocorridos na Blockchain ou com relação a esta.

Um possível ponto de partida para a regulação da responsabilidade dos utilizadores (nunca esquecendo que estes podem não ser profissionais) poderá ser a identificação de uma causalidade entre a conduta do utilizador e a ilicitude gerada de tal forma que a sua concretização fosse previsível segundo a diligência do homem médio[229]. Seja como for será aconselhado avaliar o risco inerente a cada Blockchain concreta para se regular melhor as potenciais situações em jogo.

Se os utilizadores enviarem informação errada para a Blockchain ou a utilizarem para realizarem operações ilegais, estes deverão ser responsabilizados por essa conduta. Se para um utilizador se inscrever numa Blockchain tiver que aderir aos termos e condições da plataforma, ou se se considerar que a inscrição na Blockchain por parte do utilizador constitui a aceitação de termos que consubstanciam uma relação obrigacional entre os utilizadores ou entre estes e a Blockchain[230] estes poderão ser responsabilizados obrigacionalmente.

Quanto aos criadores do protocolo faço uma nota inicial para dizer que estes podem ser utilizadores ou não. Uma vez criada a Blockchain estes podem decidir afastar-se do projeto, não se tornando utilizadores. Todavia, estes normalmente permanecerão na Blockchain, até para obterem dela alguma compensação pelo seu trabalho, sendo que normalmente manterão alguma responsabilidade pelo funcionamento da plataforma. Estes poderão afastar-se do projeto se, por exemplo, a maioria promover alterações no protocolo com as quais estes não se consigam conciliar. Nestes casos, quem descordar poderá criar um hard fork, ramificando-se a Blockchain e a partir dai tendo as duas ramificações existência autónoma, ou afastar-se da Blockchain permanentemente.

São os criadores do protocolo que criam a Blockchain. Por isso há que controlar o protocolo. Ora o protocolo pode sofrer alterações, mas este deverá sempre obedecer à lei, sob pena de os utilizadores ou os agentes da mudança

---

[229] Cf. Primavera De Filippi, Aaron Wright, **Blockchain and the Law: The Rule of Code**, 2019, Harvard University Press, p. 176

[230] Diga-se Blockchain enquanto serviço prestado por uma pessoa (colectiva).

do protocolo serem responsáveis juridicamente. Daqui as autoridades reguladoras desta tecnologia poderão, pelo menos teoricamente, emitir instruções a estes programadores no sentido de criarem válvulas de escape no protocolo pelas quais o sistema jurídico possa actuar. Podem estas autoridades inclusive submeter a validade de uma Blockchain à sua apreciação. Não obstante, pode ser difícil identificar e localizar os programadores e existe o problema grande da efetividade de regulação e execução de instruções quando estes e os utilizadores em geral estiverem espalhados pelo mundo fora existindo possível concorrência de jurisdições, a menos que se crie uma entidade com poderes a nível internacional. Mais, criar pontos de entrada na Blockchain enfraquece a sua segurança, algo que não é desejável[231]. Não se pense, porém, que este problema da identificação e localização de pessoas é novo. De facto, existem normas que regulam os procedimentos em caso de não identificação/localização de pessoas e mecanismos para compensar pessoas por danos originados por pessoas não identificadas. Exemplos disto são, por exemplo, a revelia inoperante por ter ocorrido citação edital, tendo permanecido o réu em situação de revelia absoluta em processo civil (art. 566º, 568º, al. b) e 225º, nº 6 do CPC) e fundos como o fundo de garantia automóvel (art. 47º e ss. do dl nº 291/2007, de 21 de Agosto). A criação de um fundo que visasse compensar as pessoas por danos originados por desconhecidos é teoricamente possível e poderia efetuar-se através da retenção, numa chave pública criada para o efeito, de uma pequena percentagem de todas as transacções numa dada Blockchain. Todavia tal aumentaria os custos associados a estas tecnologias. Mais tem-se verificado que estes fundos, por exemplo no âmbito da resolução bancária, são muitas vezes insuficientes para compensar por si os prejuízos[232].

---

[231] Cf. European Union Blockchain Observatory and Forum, **Legal and Regulatory Framework of Blockchains and Smart Contracts**, 2019, p. 16, disponível em: https://www.eublockchainforum.eu/sites/default/files/reports/report_legal_v1.0.pdf

[232] Cf. entre outros, António Menezes Cordeiro, **Direito Bancário**, Almedina, 2016, p. 1168; Economia Online, **Estado injeta no Novo Banco "um pouco abaixo de 850 milhões" já este ano**, 2018, https://eco.pt/2018/02/17/estado-injeta-no-novo-banco-um-pouco-abaixo-de-800--milhoes-ja-este-ano/; Diário de Notícias, **Dez anos de apoio à banca custaram mais de 17 mil milhões de euros**, 2018, https://www.dn.pt/dinheiro/interior/apoios-a-banca-custaram--mais-de-17-mil-me-em-dez-anos-9229150.html.

Agora relativamente à responsabilidade dos criadores do protocolo. Serão os criadores do protocolo, da Blockchain ou de um código aberto/open source responsáveis pela utilização destes para fins ilegais?

Parece-me de rejeitar a ideia de tal responsabilidade. Isto porque como tudo, a tecnologia é uma ferramenta que pode ser utilizada para os mais diversos fins, os quais podem ser legais ou ilegais. Expandir ab initio a responsabilidade aos seus criadores pelo simples facto de terem criado uma ferramenta parece-me, no mínimo, problemático. A proceder a responsabilização destes pela "mera" criação de uma coisa, levantar-se-ia um precedente perigoso. A ideia de responsabilização de terceiros por facto praticado por determinado sujeito sem relação jurídica bastante subjacente. Por exemplo, se A utilizar um computador de marca B para fazer hacking aos servidores de C. Se A utilizar um pé de cabra de marca B para forçar ilegitimamente a abertura de uma porta. Se A utilizar um martelo de marca B para lesar a integridade física de C. Deverá a marca B ser responsabilizada pelos atos de A. Não me parece que tal se afigure correto, até pela desproporcionalidade que gera[233]. Já para não falar no entrave que uma medida destas originaria na criação e inovação destes protocolos, uma vez que qualquer criador pensaria duas vezes antes de criar algo por cuja utilização pudesse vir a ser responsabilizado, por actividades praticadas por terceiros que em grande parte lhe são alheios.

Acresce que o criador do protocolo pode perder a sua influência sobre a Blockchain (com o tempo muito provavelmente perderá ou pelo menos verá a sua capacidade de influência diminuir). Sobretudo em permissionless Blockchains onde é provável isto acontecer se a plataforma vingar. Apurar a altura em que este deteve o controlo sobre a Blockchain e em que período o deteve para efeitos de apuramento de possíveis responsabilidades também não será tarefa fácil podendo-se apenas estimar tal período através dos registos de quem fez o mining de blocos.

---

[233] Neste sentido também: Brian Quintenz, **Remarks of Commissioner Brian Quintenz at the 38th Annual GITEX Technology Week Conference**, 2018, disponível em: https://www.cftc.gov/PressRoom/SpeechesTestimony/opaquintenz16

10.1.1. Em concreto: a responsabilidade dos miners[234]

Tendo em conta o papel preponderante que os miners (ou validators, consoante o mecanismo de obtenção de consenso seja o proof of work, o proof of stake, ou outro qualquer) desempenham na Blockchain é importante regular ou pelo menos estar atento à sua actividade. Os miners têm possibilidade de ser mais relevantes que os criadores do protocolo, pois podem mediante consenso ou monopolização do mining, alterar o protocolo ou o software em que assenta a Blockchain, negar discriminadamente o acesso ou a informação introduzida por parte de utilizadores ou alterar o registo da Blockchain.

Os miners deverão ser responsabilizados se a sua actuação ou omissão gerar danos na esfera jurídica de outrem. Ora os miners intervêm em diversos processos na Blockchain pelos quais poderão em tese ser responsabilizados. Não se deve esquecer que os miners trabalham para a Blockchain. Como tal, e pela sua relevância na Blockchain, devem estar sujeitos a responsabilidade acrescida na rede ou pelo menos ser sujeitos a um maior escrutínio por parte das autoridades competentes.

As autoridades reguladoras desta tecnologia poderão controlar a actividade na Blockchain, através das mining pools. Com efeito, até à data tendo em conta os custos em que os miners têm que incorrer para obter lucro (sobretudo quando o mecanismo de consenso é o proof of work) tem-se verificado a junção de miners nestas pools para aumentarem a probabilidade de fazerem o mining do próximo bloco e consequentemente as suas oportunidades de lucro ao serem responsáveis por uma maior percentagem do mining numa dada Blockchain[235]. As autoridades poderão identificar estas pools e utilizá-las como um meio de regularem efetivamente a Blockchain, por exemplo obrigando estas a aceitarem mudanças no protocolo[236]. Poderão também criar um regime legal atractivo para estas pools concedendo-lhes o benefício da limitação da responsabilidade, benefícios fiscais, entre outros incentivos para conformar

---

[234] O que disser neste capítulo aplica-se também à responsabilidade dos forgers/validators.
[235] Cf. Blockchain, disponível em: https://www.blockchain.com/pt/pools
[236] Cf. European Union Blockchain Observatory and Forum, **Legal and Regulatory Framework of Blockchains and Smart Contracts**, 2019, pp. 15 e 16, disponível em: https://www.eublockchainforum.eu/sites/default/files/reports/report_legal_v1.0.pdf

Blockchains com a lei; ou pelo contrário penalizá-las se não cumprirem com os seus desígnios[237].

Uma hipótese de responsabilização dos miners poderá surgir se estes não respeitarem o protocolo e executarem tarefas contrariamente às regras do protocolo. Nestes casos para além da responsabilidade a que estes poderão estar sujeitos, estes poderão ser expulsos da plataforma pelos restantes utilizadores.

Penso que pela importância que os miners têm na Blockchain, a natureza da sua responsabilidade deverá ser obrigacional. Os miners têm deveres específicos para com a Blockchain e os restantes utilizadores, como cumprir o protocolo e criar blocos com as informações adicionadas pelos utilizadores. A isto acrescenta que os miners trabalham para a Blockchain e obtêm rendimento por isso. Já para não falar da sua concordância com os termos e condições da plataforma. Esta relação e todos estes deveres fundamentam, na minha opinião, a responsabilidade obrigacional dos miners para com a rede Blockchain e os utilizadores. Já se a Blockchain estiver empresarialmente organizada[238] a responsabilidade desta para com clientes terá, por efeito de contrato celebrado entre as partes, natureza obrigacional, sem prejuízo das possíveis consequências internas sobre os miners da Blockchain. Por outro lado, a responsabilidade da Blockchain e dos miners para com terceiros não envolvidos com a Blockchain terá natureza delitual nos termos do art. 483º, nº 1 do CC.

Outra questão a levantar é a diligência a que os miners estão sujeitos. Isto para efeitos de imputação e exclusão da culpa. Deverá a sua actuação ser pautada pela diligência do homem médio/ bonus pater familias (ex: art. 487º, nº 2 do CC) ou pelo contrário será exigido a estes uma diligência acrescida em função das funções desempenhadas na Blockchain? Pelo que foi dito até agora conclui-se que os miners são de uma importância vital para a Blockchain. Atendendo a isto, à complexidade das funções que desempenham, aos valores que podem estar em causa e à crescente profissionalização desta

---

[237] Cf. Primavera De Filippi, Aaron Wright, **Blockchain and the Law: The Rule of Code**, 2019, Harvard University Press, p. 180

[238] Conforme já referi, o Estado americano do Vermont já consagra pessoas colectivas de responsabilidade limitada assentes em Blockchain. As chamadas "Blockchain-Based Limited Liability Companies". Ver Secção 7 do Vermont Senate Bill 269, 2018, disponível em: https://legiscan.com/VT/text/S0269/2017

tarefa[239] parece-me insuficiente a diligência do homem médio como bitola de actuação dos miners. Antes estes devem estar sujeitos a deveres acrescidos de cuidado, sendo-lhes exigível mais do que ao homem médio colocado na mesma situação. No entanto há que fazer uma ressalva para dizer que esta diligência deverá ser apurada em função de critérios bem definidos como, por exemplo, as características da Blockchain, o tipo de utilizador que cada miner é e a profissionalização ou não da actividade.

10.1.2. Em concreto: a responsabilidade dos intermediários

À tecnologia Blockchain é identificada como uma das suas principais características a descentralização. Sem prejuízo da chamada "opinião alternativa sobre a Blockchain"[240] e da questão sobre se a adição de um intermediário descaracteriza o que é/deve ser uma Blockchain[241], podem existir Blockchains

---

[239] Digo isto na medida que, por exemplo na Bitcoin, sensivelmente mais de 50% do mining é feito por 5 mining pools. São estas: F2Pool, Poolin, AntPool, Huobi.pool e ViaBTC. Cf. Blockchain, disponível em: https://www.blockchain.com/pt/pools

[240] Este é o entendimento segundo o qual a tecnologia Blockchain não elimina os intermediários. Cf. Pavel Kravchenko, **Blockchain doesn't Eliminate Intermediaries and Never Will – It's a Fact**, 2018, Coinspeaker, disponível em: https://www.coinspeaker.com/blockchain-doesnt-eliminate-intermediaries-and-never-will-its-a-fact/. Parece-me que uma posição intermédia deve ser adotada. Com efeito, a Blockchain necessitará de intermediários para se relacionar com o mundo exterior. Nem todas as aplicações Blockchain serão autónomas. A Bitcoin não necessita de intermediários porque "vive" numa bolha virtual, onde os utilizadores transacionam bitcoin que é registada digitalmente não tendo um equivalente material. Já em aplicações Blockchain que requeiram um contacto com o mundo exterior são necessários intermediários como, por exemplo, os oráculos. Para quem considere que a própria Blockchain é um intermediário, então é evidente que esta não despensa nem que seja da sua própria intermediação, seja através dos miners ou dos full nodes em geral.

[241] A meu ver, consoante a amplitude de poderes deste intermediário, tal determinará se nos encontramos perante uma realidade a que podemos chamar de verdadeira Blockchain (Blockchain stricto sensu) ou perante uma pseudo-Blockchain (Blockchain lato sensu). Na minha opinião, uma das principais características da Blockchain é a descentralização. Logo se o intermediário estiver na posição em que é ele que detém o controlo sobre o mining e o realiza, sendo, portanto, ele que controla a informação que entra na Blockchain e outras operações, não estaremos, no meu entender, perante uma verdadeira Blockchain, mas antes perante uma pseudo-Blockchain. Uma Blockchain que é tecnologicamente igual, mas que lhe falta o elemento que teleologicamente distingue a Blockchain de outras técnicas de registo de informação, que é a dispersão do controlo sobre a mesma, que permite a imutabilidade da informação nela constante.

centralizadas onde uma entidade controla a sua actividade ou partes dela. Isto, a acontecer, será em princípio em permissioned Blockchains, pois estas serão inevitavelmente mais pequenas e com maior informação acerca dos utilizadores, sendo também mais fácil controlar a sua actividade.

Os intermediários, em geral, já se encontram sujeitos a diversos deveres, cuja legislação regula a sua actividade. Em concreto no CVM encontram-se regulados inúmeros deveres a que os intermediários financeiros estão adstritos.

Os reguladores podem emitir instruções a estes para policiarem a Blockchain, de forma a providenciarem um ambiente mais seguro e legalmente protegido. A questão que se coloca é se um intermediário de uma Blockchain deve ser equiparado, para efeitos legais, a um qualquer outro intermediário.

Pois bem, apesar da inexistência de uma definição legal de intermediário parece-me que sim. Não só porque o círculo de actuação de ambos é potencial e substancialmente idêntico, mas também porque a intermediação realiza-se entre pessoas não sendo relevante o meio ou tecnologia com que a intermediação se cruza. Assim defendo uma equiparação legal destes aos demais estando sujeitos, mutatis mutandis, às normas que regulam esta actividade.

Posta de parte esta questão passo então para a responsabilidade deste intermediário. Para tal é necessário saber, antes de mais, qual a relação jurídica entre os intermediários da Blockchain e os utilizadores, para apurar da natureza delitual ou obrigacional da responsabilidade. Os intermediários serão escolhidos pelos utilizadores. Os intermediários terão deveres a cumprir na Blockchain, em função do acordado com os utilizadores. Estes pontos indicam uma relação de tal forma próxima que remeter a responsabilidade do intermediário para o campo delitual me parece desadequado.

Na dúvida parece-me que o CVM institui uma cláusula geral de responsabilidade dos intermediários financeiros que é ampla o suficiente para imputar tanto a título delitual como obrigacional a responsabilidade destes

---

Se por outro lado estivermos perante um sistema em que o intermediário é utilizado para controlo da legalidade das operações (como indicar qual a informação passiva de mining em função das regras pré-estabelecidas pelos criadores do protocolo e utilizadores ou resolver litígios entre estes), ou para enviar informação do mundo exterior para a Blockchain e vice-versa, não me parece que tal desvirtue o fim da Blockchain, pelo que será uma verdadeira Blockchain. Também não obstarão a natureza de verdadeira Blockchain, os "auditores" de smart contract. Estes verificam o smart contract code, testando-o e procurando problemas nestes para serem corrigidos antes de serem aplicados.

intermediários (se se tratarem de intermediários financeiros). O art. 304º-A, nº 1 do CVM dita que:

> "1 – Os intermediários financeiros são obrigados a indemnizar os danos causados a qualquer pessoa em consequência da violação dos deveres respeitantes à organização e ao exercício da sua actividade, que lhes sejam impostos por lei ou por regulamento emanado de autoridade pública."

Os deveres respeitantes à organização e ao exercício da actividade dos intermediários financeiros constam dos arts. 304º e ss. do CVM. Neste elenco constam tanto deveres para com o público em geral (normas de proteção) (ex: defesa do mercado- art. 310º e ss.), como deveres resultantes da obrigação assumida (por exemplo: dever de adequação- art. 314º e ss.). Perante a formulação do art. 304º-A, nº 1 do CVM, a imputação poderá ser feita a nível delitual através da violação de disposição legal ou regulamento destinado a proteger interesses alheios, mas também a nível obrigacional pela violação de deveres principais, secundários ou acessórios resultantes da obrigação assumida. Assim consoante os deveres violados estes poderão ser responsabilizados a nível delitual ou obrigacional.

11. Responsabilidade nos Smart Contracts

Antes de mais faço uma nota para dizer que independentemente das diversas naturezas de responsabilidade existentes, neste capítulo procurar-se-á fazer uma análise da responsabilidade civil.

A utilização de smart contracts com a tecnologia Blockchain eleva esta a novas possibilidades. Esta deixa de ser apenas uma tecnologia de registo para passar a poder também executar operações (até de forma autónoma, nomeadamente nas DAOs). Esta nova realidade traz diversas vantagens como a automatização de processos e redução de incumprimento, mas também acarreta inconvenientes, por exemplo a redacção deficiente de um smart contract que poderá não ser alterável devido à imutabilidade da Blockchain trazendo repercussões reais na vida das pessoas. Não podemos presumir que as coisas vão sempre correr como desejado ou esperado. Erros e comportamentos imprevistos acontecem. Aconteceu com a primeira DAO (The DAO[242]) onde um hacker explorou uma falha no código da The DAO apropriando-se aproximadamente de setenta milhões de dólares em ether, mesmo antes desta começar a funcionar. Na altura a Ethereum resolveu o problema através de

---

[242] A The DAO foi concebida como uma organização com fins lucrativos que criaria e geriria activos para financiar projectos através da venda de tokens a investidores. Os detentores destes tokens poderiam vender os mesmos ou participar nos lucros da The DAO. Cf. U.S.SEC, **Report of Investigation Pursuant to Section 21(a) of the Securities Exchange Act of 1934: The DAO**, 2017, p. 1, disponível em: https://www.sec.gov/litigation/investreport/34-81207.pdf

um hard fork que transferiu o ether da conta do hacker para outra de onde devolveu o montante aos proprietários furtados[243].

Como os smart contracts podem não funcionar sempre correctamente é necessário apurar as consequências de resultados negativos produzidos por estes. Mais, mesmo que tudo corra bem será sempre possível as partes acharem que não foi cumprido o estabelecido e enveredarem pela via judicial para verem os seus direitos tutelados.

11.1. Responsabilidade no Smart Contract Code

Antes de mais, é importante realçar que o smart contract code aliado à Blockchain pode ser uma boa ferramenta para executar a lei, até por não permitir ambiguidade, não existindo assim, em teoria, um raio de discricionariedade de actuação das partes[244]. Sem prejuízo disso, a lei não é exata e a interpretação ou ilação que um jurista retira de um artigo de uma lei pode ser diferente da de outro. Por isso é necessário verificar em que casos é que a utilização de smart contracts é mais apropriada. Noutro assunto, atendendo à legislação vigente em cada país concreto e como meio de assegurar que o smart contract code esteja de acordo com esta, o programador do smart contract code poderá ser responsabilizado pela redacção e/ou actualização ineficaz e/ou ineficiente do mesmo[245].

Sobre a possível responsabilidade nos smart contracts, o comissário da CFTC Brian Quintenz[246] começa por fazer uma distinção quanto ao tipo de

---

[243] Um artigo muito interessante onde o autor retira ilações sobre o hack da The DAO: Patrick Murck, **Who Controls the Blockchain?**, 2017, Harvard Business Review, disponível em: https://hbr.org/2017/04/who-controls-the-blockchain[https://perma.cc/R3FV-RAG9]

[244] Deixo uma ressalva para dizer que, normalmente, a ambiguidade da lei (e dos negócios jurídicos) é propositada para integrar o maior número de casos possíveis, existindo mecanismos legais para concretizar esta ambiguidade (ex: interpretação da lei). Assim a discricionariedade é justificada em função do entendimento que as partes têm da lei, que é em si ambígua.

[245] Cf. Max Raskin, **The Law and Legality of Smart Contracts**, 2016, p. 328, in Georgetown Law Technology Review 305 (2017), vol. 1:2, disponível em: https://georgetownlawtechreview. org/wp-content/uploads/2017/04/Raskin-1-GEO.-L.-TECH.-REV.-305-.pdf

[246] Faço uma nota para dizer que Brian Quintenz faz esta análise na ótica de smart contracts aplicados ao mercado de instrumentos financeiros. Ver também: Jonathan Marcus, et. al., **Commodity Exchange Act Liability for Smart Contract Coders**, 2019, Harvard

intervenientes na Blockchain, dividindo-os em criadores do protocolo da Blockchain/core developers, miners, criadores do protocolo de smart contracts e utilizadores (aqui referindo-se aqueles que utilizam a Blockchain primordialmente como um serviço, por exemplo, detendo uma carteira digital de criptomoedas e transacionando estas)[247]. Seguidamente este começa por questionar como a CFTC poderá intervir em questões da sua competência em que o smart contract não obedeça a regras estabelecidas pela CFTC. Quem será responsável por tal?

QUINTENZ começa por eliminar a responsabilidade dos criadores do protocolo da Blockchain por não considerar razoável responsabilizá-los por algo que ocorre na plataforma criada por eles a menos que exista prova ou pelo menos indícios do conhecimento e intenção destes na actividade em causa[248]. Exclui a responsabilidade dos miners e utilizadores, em geral, por não terem capacidade de saber e averiguar da legalidade das aplicações sobre a tecnologia Blockchain, sendo que o anonimato e descentralização da Blockchain não ajudam a causa (controlo da actividade dos miners e utilizadores)[249].

Por isso, QUINTENZ foca a sua atenção nos criadores do protocolo de smart contracts e utilizadores dessas aplicações, em concreto. Quanto aos criadores do protocolo de smart contracts (ou do smart contract code), QUINTENZ pensa que a questão central para efeitos de imputação de responsabilidade a estes é se os mesmos podiam prever, aquando da criação do protocolo, que este seria provavelmente utilizado em violação de regulamentos emitidos pela CFTC. Se sim, então a CFTC poderia processá-los se o que estivesse em causa fosse disponibilizado a pessoas dos EUA (área de competência da

---

Law School Forum on Corporate Governance, disponível em: https://corpgov.law.harvard.edu/2019/03/03/commodity-exchange-act-liability-for-smart-contract-coders/

[247] Cf. Brian Quintenz, **Remarks of Commissioner Brian Quintenz at the 38**[th] **Annual GITEX Technology Week Conference**, 2018, disponível em: https://www.cftc.gov/PressRoom/SpeechesTestimony/opaquintenz16.

[248] Cf. Brian Quintenz, **Remarks of Commissioner Brian Quintenz at the 38**[th] **Annual GITEX Technology Week Conference**, 2018, disponível em: https://www.cftc.gov/PressRoom/SpeechesTestimony/opaquintenz16

[249] Cf. Brian Quintenz, **Remarks of Commissioner Brian Quintenz at the 38**[th] **Annual GITEX Technology Week Conference**, 2018, disponível em: https://www.cftc.gov/PressRoom/SpeechesTestimony/opaquintenz16

CFTC)[250]. Quanto aos utilizadores, QUINTENZ pensa que não será eficiente processá-los antes devendo a CFTC e os seus parceiros consciencializar as pessoas para o caráter ilegal da actividade[251].

Na parte que me toca, e pensando nestas soluções aplicadas a um quadro geral de situações, penso que QUINTENZ aponta corretamente o foco para os criadores do protocolo de smart contracts. Quanto aos utilizadores das plataformas em concreto parece-me que os "iliba" muito facilmente. De facto, não intentar ações contra estes com fundamento na falta de eficiência parece--me um argumento fraco e um contra-senso. Com efeito, lei sem castigo ou ameaça de coação não é verdadeiramente lei. Se os cidadãos virem a lei como mera sugestão de comportamento, esta terá pouca ou nenhuma influência na sua tomada de decisões. A lei será reduzida à irrelevância.

Penso, por isso, que se deverá processar os (potenciais) infratores, competindo aos tribunais estabelecer jurisprudência sobre o assunto (mérito da causa, questões probatórias, ...) para se perceber se, no futuro, as partes deverão ou não intentar a ação com base na sua eficiência, utilidade e eficácia.

11.2. Responsabilidade nos Smart Legal Contracts

No que toca à responsabilidade nos smart legal contracts esta poderá ser mais facilmente descortinada se se atribuir aos smart legal contracts os mesmos efeitos legais dos contratos. Já vimos algumas legislações fazerem esta equiparação e presumo que muitas outras sigam este exemplo[252]. Este poderá muito bem ser um caminho para a concretização desta responsabilidade.

---

[250] Em sentido contrário, pondo em causa o sucesso do caminho apontado por QUINTENZ e a aplicabilidade das regras da CFTC ver: Jonathan Marcus, et. al., **Commodity Exchange Act Liability for Smart Contract Coders**, 2019, Harvard Law School Forum on Corporate Governance, disponível em: https://corpgov.law.harvard.edu/2019/03/03/commodity-exchange-act-liability-for-smart-contract-coders/

[251] Cf. Brian Quintenz, **Remarks of Commissioner Brian Quintenz at the 38th Annual GI-TEX Technology Week Conference**, 2018, disponível em: https://www.cftc.gov/PressRoom/SpeechesTestimony/opaquintenz16

[252] Isto, porque os smart legal contracts, como já vimos nos subcapítulos 9.2 e 9.3., são tecnicamente idênticos aos contratos em geral apenas se distanciado destes pela sua autoexecutoriedade. A diferença que isto comporta a nível de responsabilidade civil é que no momento de julgar, se o protocolo não permitir a suspensão do smart legal contract, os efeitos deste já

Uma questão muito interessante que resulta da aplicação dos smart contracts é a mudança de paradigma em relação à responsabilidade civil, em concreto obrigacional. Nas ações de responsabilidade civil obrigacional procura-se, por regra, o incumprimento definitivo da prestação a que a parte está adstrita como fundamento de um possível ressarcimento pelos danos provocados por esse facto. Ora nos smart contracts este incumprimento é, regra geral, impossível. Isto devido à característica da autoexecutoriedade dos smart contracts. Assim, e independentemente do mérito da ação, o que a propositura de uma ação no âmbito de um smart legal contract visa não é uma indemnização por incumprimento, mas sim (por se ter verificado o cumprimento que na ótica da parte não se justifica) a restituição da prestação efetuada[253]. Isto porque, enquanto os smart contracts forçam o cumprimento ex ante, a responsabilidade civil (obrigacional) visa a tutela ex post dos direitos.

Quanto à possível execução da sentença/acórdão relativo a smart legal contracts, para esta ser eficaz é necessário o acesso à chave privada do executado, pois é através desta que este tem acesso aos seus fundos na Blockchain. Regulação sobre a revelação de chaves privadas às autoridades competentes já existe em alguns países. Entre eles: Austrália[254], França[255] e Reino Unido[256].

---

se terão produzido (impossibilitando assim o incumprimento) e por isso ao tribunal competirá confirmar os efeitos jurídicos produzidos pela execução do smart legal contract, alterar parcialmente os efeitos do smart legal contract, ou anular os efeitos jurídicos produzidos pelo smart legal contract e determinar o montante de indemnização ou compensação a que as partes têm direito. Esta actuação a posteriori por parte do tribunal não é de todo estranha à prática jurídica, sendo aliás obrigatória, no âmbito da responsabilidade civil, para ser reconhecido o direito à indemnização a existência de um dano na esfera jurídica do autor.

[253] Neste sentido também: Kevin Werbach, Nicolas Cornell, **Contracts Ex Machina**, 2017, p. 376, in Duke Law Journal, vol. 67:313, disponível em: https://scholarship.law.duke.edu/cgi/viewcontent.cgi?article=3913&context=dlj

[254] Cybercrime Act 2001, schedule 2, 12 after section 3L e 28 after section 201, disponível em: https://www.legislation.gov.au/Details/C2004C01213

[255] Loi nº 2001-1062 du 15 novembre 2001, article 30, disponível em: https://www.legifrance.gouv.fr/affichTexte.do?cidTexte=JORFTEXT000000222052

[256] Regulation of Investigatory Powers Act 2000, part III, disponível em: http://www.legislation.gov.uk/ukpga/2000/23/contents

12. Conclusão

Chegando ao fim desta dissertação aproveito este tópico para relembrar alguns pontos essenciais, levantar algumas questões e elaborar as minhas conclusões sobre as tecnologias em causa, o seu futuro e o papel do Direito.

Voltando a recordar, a Blockchain é, em termos gerais, uma tecnologia distribuída e descentralizada de registo eletrónico de dados. É muito importante não descaracterizar esta tecnologia, porque se tal acontecer esta perderá a sua relevância. Não obstante, esta deve ser adaptada consoante as necessidades das pessoas e é até por isso que a tecnologia Blockchain não é uniforme. Em Blockchains públicas/permissionless será normal haver uma preponderância para a descentralização (pelo menos no início) e distribuição da plataforma. Em Blockchains privadas/permissioned isto também será a regra, a menos que os utilizadores destas designem algum utilizador para desempenhar o papel de intermediário caso em que poderá no limite verificar-se o desaparecimento destas características. Algo que não recomendo, pois nesse caso a tecnologia Blockchain será desnecessária. Isto porque sem descentralização (com implicação de difusão do controlo da Blockchain, que permite a sua imutabilidade) e distribuição (permite aos utilizadores consultar o registo sem necessidade de recorrerem a um intermediário) estamos perante uma qualquer técnica de registo.

O que me parece válido é adaptar (no caso de Blockchains privadas com intermediário central) a tecnologia para privilegiar, através do protocolo, a descentralização ou a distribuição. Se o intermediário fizer o mining de blocos, mas todos os utilizadores tiverem uma cópia do registo, tal será uma variante de Blockchain que não a descaracteriza por completo, por permitir o acesso à informação. Isto sem descurar o facto de assim a Blockchain ser mutável podendo a informação constante da Blockchain ser posta em causa, mas tal também permite identificar o responsável em causa. Isto porque cabendo ao intermediário a segurança da Blockchain (através do mining, que permite o controlo sobre a Blockchain) deverá este ser responsabilizado objetivamente/obrigacionalmente por falhas na Blockchain, tanto perante os utilizadores como perante possíveis clientes da plataforma, ou pelo menos ser responsabilizado solidariamente com o autor dos danos, sem prejuízo do direito de regresso (art. 524º do CC). O intermediário poderá também ter um papel mais passivo apenas confirmando a legalidade das operações dos utilizadores, mantendo-se o mining descentralizado e tendo os utilizadores uma cópia da Blockchain, algo que me parece mais aconselhável.

Uma questão para refletir é se apesar da descentralização prometida pela tecnologia Blockchain, a tendência não será para a centralização da plataforma, sobretudo se esta tiver sucesso. Isto porque, na prática, com os custos elevados de fazer o mining de blocos (cuja dificuldade e, portanto, custos tendem a subir se mais pessoas se juntarem à plataforma e cujo rendimento obtido pelo mining não é garantido) apenas pessoas com muitos meios económicos poderão fazer este mining. Tal resultará no agrupamento de miners em pools para aumentarem a probabilidade de verem o seu mining recompensado. Por consequência o controlo sobre o mining (logo sobre a Blockchain) e o negócio do mining em si estará nas mãos de meia dúzia de mining pools. Este fenómeno de centralização tendencial da Blockchain já se verificou, por exemplo, no mining de bitcoin em que meia dúzia de mining pools controla uma parte significativa do mining[257]. Verificou-se também com o hack do The DAO em que o hard fork só foi possível devido à actuação de stakeholders e membros influentes na Ethereum que perderam ether à custa do hack. Este fork foi criticado por alguns (que classificaram este como um resgate) por violar princípios base da Blockchain como a imutabilidade da mesma[258].

---

[257] Ver Blockchain, disponível em: https://www.blockchain.com/pt/pools
[258] Ver: Crypto Hustle, **5 Reasons why the DAO Bailout was Bad for Ethereum**, 2016, disponível em: https://cryptohustle.com/5-reasons-why-the-dao-bailout-was-bad-for-ethereum/

O problema é que a Blockchain visa especificamente evitar isto com um esquema descentralizado de mining que permite a imutabilidade da Blockchain. A centralização do mining acarreta problemas, nomeadamente a possibilidade destes poderem mudar o registo da Blockchain ou negar introdução de informação na mesma. Ora isto é substancialmente idêntico à posição de utilizadores que executem ataques 51%. Por isso penso que esta questão deverá ser seguida de perto pelos reguladores para proteger os utilizadores mais frágeis. Sendo certo que a execução destes ataques não tem, por si, nada de ilegal, porque tal como sócios que detenham uma posição maioritária numa sociedade podem fazer alterações a essa dentro dos limites da lei, se os utilizadores controlarem, de facto, a Blockchain, podem também fazer as alterações que lhes aprouver dentro dos limites da lei.

Quanto aos smart contracts vimos que estes se dividem em smart contract code (código que executa determinadas instruções) e smart legal contracts (qualificação mais restrita de smart contracts que se traduz no acordo de vontades que visa a produção automatizada de efeitos jurídicos). Tanto estes como a tecnologia Blockchain ainda estão numa fase muito inicial e em processo de maturação. A autoexecução dos smart contracts, como vimos, é a característica principal dos smart contracts e se estes forem executados numa Blockchain com descentralização do mining estes serão imutáveis trazendo algumas novidades por exemplo no ramo do direito dos contratos a nível de incumprimento.

Tanto a tecnologia Blockchain como os smart contracts ainda têm muitos desafios por resolver pela frente. Em concreto, nenhum código é isento da possibilidade de ter falhas. Isto aplica-se tanto a smart contracts, como protocolos destes e de Blockchains. Acresce que os respetivos protocolos e operações terão que ser válidos aos olhos da lei sob pena de violarem, por exemplo, o disposto nos arts. 280º e ss. do CC. A isto não ajuda a actual incerteza legal à volta destas tecnologias, onde, sem prejuízo da existência de diplomas legais sobre estas, a legislação ainda é muito escassa e, em geral, evade-se da regulação dos pontos cruciais destas tecnologias preferindo defini-las. Como já tive oportunidade de exprimir na dissertação, o legislador não deverá sentir-se pressionado a elaborar legislação massiva sem perceber claramente as tecnologias e onde os focos geradores de conflitos nestas residem. Até lá defendo a aplicação a estas dos princípios gerais de Direito e a sua integração por essa no Direito vigente.

BLOCKCHAIN E SMART CONTRACTS

Um desafio legal que resulta destas tecnologias é a possibilidade de utilizar estas para práticas ilegais. Um protocolo que privilegie o anonimato associado à imutabilidade da Blockchain e smart contracts poderá pôr em causa a aplicação prática do Direito e o princípio da tutela jurisdicional efetiva consagrado no art. 20º, nº 1 e 5 da CRP.

Quanto ao que o futuro reserva a estas tecnologias penso que no que toca à tecnologia Blockchain a principal aplicação desta passará sobretudo pela criação de Blockchains privadas entre empresas. Blockchains privadas entre empresas poderão condicionar o acesso apenas a estas e facilitar as relações comerciais entre estas, o acesso à informação e a gestão de registos por parte dos diversos intervenientes conseguindo manter a descentralização e distribuição típica da Blockchain, algo que como já disse parece-me mais difícil em Blockchains públicas. Sem prejuízo disto, as Blockchains públicas também terão a sua utilidade, por exemplo para relações entre o Estado e as pessoas (como a sua potencial utilização em eleições, registos públicos[259] ou tributação de impostos), mas penso que a sua utilidade principal não passará pelas criptomoedas. A associação da tecnologia Blockchain com smart contracts permitirá e já permite a realização de operações automatizadas reduzindo custos.

Seja como for, o Direito deverá acompanhar estas realidades de perto e regulá-las sem criar (muitos) entraves ao desenvolvimento destas tecnologias, sob pena dos próprios criadores e utilizadores recorrerem ao anonimato ou até abandonarem as tecnologias.

---

[259] Nestes, os selos temporais poderão ser particularmente úteis para efeitos da prioridade do registo (art. 6º, nº 1 do CRPredial).

BIBLIOGRAFIA

ALVES, Hugo Ramos – **Smart contracts: entre a tradição e a inovação**, 2019, in FinTech II- Novos Estudos sobre Tecnologia Financeira, Almedina, ISBN 978-972-40-7839-7

AT – **Ficha Doutrinária nº 14436**, 2019, disponível em: https://www.audico.pt/wp--content/uploads/2019/08/57_INFORMACAO_14436.pdf

AT – **Ficha Doutrinária nº 14763**, 2019, disponível em: http://www.taxfile.pt/file_bank/news0719_27_1.pdf

AT – **Ficha Doutrinária nº 5717/2015**, 2016, disponível em: http://www.taxfile.pt/file_bank/news0318_22_1.pdf

BINANCE ACADEMY – **Blockchain**, disponível em https://www.binance.vision/glossary/blockchain

BINANCE ACADEMY – **Blockchain Use Cases: The Internet of Things (IoT)**, 2019, disponível em: https://www.binance.vision/blockchain/blockchain-use-cases-the-internet-of-things

BINANCE ACADEMY – **Proof of Stake Explained**, 2019, disponível em https://www.binance.vision/blockchain/proof-of-stake-explained

BINANCE ACADEMY – **Proof of Work Explained**, 2019, disponível em https://www.binance.vision/blockchain/proof-of-work-explained

BINANCE ACADEMY – **What are Nodes?**, 2019, disponível em https://www.binance.vision/blockchain/what-are-nodes

BINANCE ACADEMY – **What is a Blockchain Consensus Algorithm?**, 2019, disponível em https://www.binance.vision/blockchain/what-is-a-blockchain-consensus-algorithm

BINANCE ACADEMY – **What is Cryptocurrency Mining?**, 2019, disponível em https://www.binance.vision/blockchain/what-is-cryptocurrency-mining

BINANCE ACADEMY – **What is Hashing?**, 2019, disponível em https://www.binance.vision/security/what-is-hashing

BITCOIN CORE – **Running a Full Node**, disponível em: https://bitcoin.org/en/full-node#what-is-a-full-node

BLOCKCHAINHUB BERLIN – **Blockchain Oracles**, 2019, disponível em: https://blockchainhub.net/blockchain-oracles/

BROUN, Caroline N., et. al. – **The Evolving Use and the Changing Role of Interstate Compacts: A Practitioner's Guide**, 2016, American Bar Association, ISBN 1-59031-643-6

BUTERIN, Vitalik – **Decentralised Court**, 2017, Reddit, disponível em: https://www.reddit.com/r/ethereum/comments/4gigyd/decentralized_court/

CATALINI, Christian; GANS, Joshua S. – **Some Simple Economics of the Blockchain**, 2016, Rotman School of Management Working Paper No. 2874598, MIT Sloan Research Paper No. 5191-16, disponível em: https://papers.ssrn.com/sol3/papers.cfm?abstract_id=2874598

CHRISTIDIS, Konstantinos; DEVETSIKIOTIS, Michael – **Blockchains and Smart Contracts for the Internet of Things**, 2016, disponível em https://ieeexplore.ieee.org/document/7467408

CLACK, Christopher D.; BAKSHI, Vikram; BRAINE, Lee – **Smart Contract Templates: foundations, design landscape and research directions**, 2016, disponível em: https://arxiv.org/pdf/1608.00771.pdf

CMVM – **Alerta aos investidores sobre Initial Coin Offerings (ICOs)**, 2017, disponível em: http://www.cmvm.pt/pt/comunicados/comunicados/pages/20171103a.aspx

CMVM – **Comunicado da CMVM às entidades envolvidas no lançamento de "Initial Coin Offerings" (ICOs) relativo à qualificação jurídica dos tokens**, 2018, disponível em: https://www.cmvm.pt/pt/Comunicados/Comunicados/Pages/20180723a.aspx

COHN, Alan; WEST, Travis; PARKER, Chelsea – **Smart after all: Blockchain, Smart Contracts, Parametric Insurrance and Smart Energy Grids**, 2017, Georgetown Law Tech Review, vol 1:2, disponível em: https://georgetownlawtechreview.org/wp-content/uploads/2017/04/Cohn-West-Parker-1-GEO.-L.-TECH.-REV.-273.pdf

COINMONKS – **Blockchain: What are nodes and masternodes?**, 2018, disponível em: https://medium.com/coinmonks/blockchain-what-is-a-node-or-masternode-and-what-does-it-do-4d9a4200938f

CORDEIRO, António Menezes – **Direito Bancário**, 2016, Almedina, 6ª edição, ISBN 978-972-40-6793-3

CORREIA, Francisco Mendes – **Moeda Bancária e Cumprimento: o cumprimento das obrigações pecuniárias através de serviços de pagamento**, 2018, Almedina, ISBN 978-972-40-6448-2

CROMAN, Kyle, et. al. – **On Scaling Decentralized Blockchains (A Position Paper)**, 2016, disponível: https://fc16.ifca.ai/bitcoin/papers/CDE+16.pdf

CRYPTOPURVIEW – **How Digital Signature Work and Use in Blockchain**, 2019, disponível em: https://cryptopurview.com/how-digital-signature-work-and-use-in-blockchain/

DE FILIPPPI, Primavera; WRIGHT, Aaron – **Blockchain and the Law: The Rule of Code**, 2019, Harvard University Press, ISBN-13: 978-0-674-24159-6

DELL'ERBA, Marco – **Do Smart Contracts Require a New Legal Framework? Regulatory Fragmentation, Self-Regulation, Public Regulation.**, 2018, University of Pennsylvania Journal of Law & Public Affairs, disponível em: https://papers.ssrn.com/sol3/papers.cfm?abstract_id=3228445

DISTRICT0X EDUCATIONAL PORTAL – **What is Ethereum?**, disponível em: https://education.district0x.io/general-topics/understanding-ethereum/what-is-ethereum/

DISTRICT0X EDUCATIONAL PORTAL – **What is Gas?**, disponível em: https://educa-tion.district0x.io/general-topics/understanding-ethereum/what-is-gas/

DUARTE, Diogo Pereira – **"Smart Contracts" e intermediação financeira**, 2019, in FinTe-ch II- Novos Estudos sobre Tecnologia Financeira, Almedina, ISBN 978-972-40-7839-7

ESMA – **ESMA alerts firms involved in Initial Coin Offerings (ICOs) to the need to meet relevant regulatory requirements**, 2017, disponível em: https://www.esma.europa.eu/sites/default/files/library/esma50-157-828_ico_statement_firms.pdf

ESMA – **ESMA alerts investors to high risks of Initial Coin Offerings (ICOs)**, 2017, disponível em: https://www.esma.europa.eu/sites/default/files/library/esma50-157-829_ico_statement_investors.pdf

GERGEN, Mark P. – **A Theory of Self-Help Remedies in Contract**, 2009, Boston Univer-sity Law Review, vol. 89:1397, disponível em: http://www.bu.edu/law/journals-archive/bulr/documents/gergen.pdf

GOOD AUDIENCE – **Blockchain: how a 51% attack works (dou-ble spend attack)**, 2018, disponível em: https://blog.goodaudience.com/what-is-a-51-attack-or-double-spend-attack-aa108db63474

GOOD AUDIENCE – **Blockchain: The mystery of mining difficul-ty and block time..**, 2018, disponível em: https://blog.goodaudience.com/blockchain-the-mystery-of-mining-difficulty-and-block-time-f07f0ee64fd0

GOOD AUDIENCE – **How does blockchain work in 7 steps – A clear and simple explanation**, 2018, disponível em https://blog.goodaudience.com/blockchain-for-beginners-what-is-blockchain-519db8c6677a

IANSITI, Marco; LAKHANI, Karim – **The Truth About Blockchain**, 2017, Harvard Business Review, disponível em: https://enterprisersproject.com/sites/default/files/the_truth_about_blockchain.pdf

KENTON, Will – **Supply Chain**, 2019, Investopedia, disponível em: https://www.inves-topedia.com/terms/s/supplychain.asp

LANGER, Matthias – **Taxation of Cryptocurrencies in Europe**, 2017, Crypto Re-search Report, disponível em: https://cryptoresearch.report/crypto-research/taxation-cryptocurrencies-europe/

LEITÃO, Luís Menezes – **Direitos Reais**, 2019, Almedina, 8ª edição, ISBN 978-972-40-7826-7

LI, Kenny – **The Blockchain Scalability Problem & the Race for VISA-like Transac-tion Speed**, 2019, towards data science, disponível em: https://towardsdatascience.com/the-blockchain-scalability-problem-the-race-for-visa-like-transaction-speed--5cce48f9d44

MADDREY, Nate – **Blockchain Forks Explained**, 2018, Digital Asset Research, disponível em: https://medium.com/digitalassetresearch/blockchain-forks-explained-8ccf304b97c8

MAINELLI, Michael; MILNE, Alistair – **The Impact and Potential of Blo-ckchain on the Securities Transaction Lifecycle**, 2016, SWIFT Institute Working Paper nº 2015-007, disponível em: https://papers.ssrn.com/sol3/papers.cfm?abstract_id=2777404&download=yes

MARCUS, Jonathan, et. al. – **Commodity Exchange Act Liability for Smart Contract Coders**, 2019, Harvard Law School Forum on Corporate Governance, disponível em:

https://corpgov.law.harvard.edu/2019/03/03/commodity-exchange-act-liability-for-smart-contract-coders/

MARINO, Bill; JUELS, Ari – **Setting Standards for Altering and Undoing Smart Contracts**, 2016, in Jose Julio Alferes, et. al., Rule Technologies. Research, Tools and Applications, ISBN 978-331942

MARTINS, Pedro – **Introdução à Blockchain – Bitcoin, Criptomoedas, Smart Contracts, Conceitos, Tecnologia, Implicações**, 2018, FCA, ISBN 9789727228874

MCMURREN, Juliet; YOUNG, Andrew; VERHULST, Stefaan – **Addressing Transaction Costs Through Blockchain and Identity in Swedish Land Transfers**, 2018, disponível em: https://blockchan.ge/blockchange-land-registry.pdf

MEDIUM – **What are Oracles? Smart Contracts, & "The Oracle Problem"**, 2019, disponível em: https://medium.com/@teexofficial/what-are-oracles-smart-contracts-the-oracle-problem-911f16821b53

MÖSLEIN, Florian – **Conflicts of Laws and Codes: Defining the Boundaries of Digital Jurisdictions**, 2018, disponível em: https://papers.ssrn.com/sol3/papers.cfm?abstract_id=3174823

MYCRYPTOPEDIA: EDUCATING THE WORLD ON CRYPTOCURRENCY – **Blockchain Soft Fork & Hard Fork Explained**, 2018, disponível em: https://www.mycryptopedia.com/hard-fork-soft-fork-explained/

NAKAMOTO, Satoshi – **Bitcoin: A Peer-to-Peer Electronic Cash System**, 2008, disponível em: https://bitcoin.org/bitcoin.pdf

ORCUTT, Mike – **Once hailed as unhackable, blockchains are now getting hacked**, 2019, MIT Technology Review, disponível em: https://www.technologyreview.com/2019/02/19/239592/once-hailed-as-unhackable-blockchains-are-now-getting-hacked/

PATRICK, Gabrielle; BANA, Anurag – **Rule of Law Versus Rule of Code: A Blockchain-Driven Legal World**, 2017, IBA Legal Policy & Research Unit

PAUW, Chrisjan – **Sharding, Explained**, 2019, Cointelegraph, disponível em: https://cointelegraph.com/explained/sharding-explained

PEREIRA, Tiago da Cunha – **Guia Jurídico para a tecnologia Blockchain**, 2019, in Revista de Direito Financeiro e dos Mercados de Capitais, nº 4, disponível em: https://rdfmc.blook.pt/wp-content/uploads/2019/10/RDFMC-2019-4.pdf

PwC – **Estonia – the Digital Republic Secured by Blockchain**, 2019, disponível em: https://www.pwc.com/gx/en/services/legal/tech/assets/estonia-the-digital-republic-secured-by-blockchain.pdf

QIN, Kaihua; GERVAIS, Arthur – **An Overview of Blockchain Scalability, Interoperability and Sustainability**, 2019, disponível em: https://www.eublockchainforum.eu/sites/default/files/research-paper/an_overview_of_blockchain_scalability_interoperability_and_sustainability.pdf

RASKIN, Max – **The Law and Legality of Smart Contracts**, 2016, in Georgetown Law Technology Review 305 (2017), vol. 1:2, disponível em: https://georgetownlawtechreview.org/wp-content/uploads/2017/04/Raskin-1-GEO.-L.-TECH.-REV.-305-.pdf

ROLO, António Garcia – **Challenges in the legal qualification of Decentralised Autonomous Organizations (DAOs): the rise of the crypto-partnership?**, 2019, in

Revista de Direito e Tecnologia, vol. 1 (2019), nº 1, disponível em: https://blook.pt/publications/fulltext/29467/.

ROSIC, Ameer – **Smart Contracts: The Blockchain Technology That Will Replace Lawyers**, 2016, Blockgeeks, disponível em: https://blockgeeks.com/guides/smart-contracts/

ROSIC, Ameer – **What is Ethereum Gas?**, 2017, Blockgeeks, disponível em: https://blockgeeks.com/guides/ethereum-gas/#What_is_a_smart_contract

SINGAPORE INTERNATIONAL COMMERCIAL COURT – **B2C2 Ltd v Quoine Pte Ltd [2019] SGHC (I) 03**, 2019, disponível em: https://www.sicc.gov.sg/docs/default--source/modules-document/judgments/b2c2-ltd-v-quoine-pte-ltd_a1cd5e6e-288e-44ce-b91d-7b273541b86a_8de9f2e2-478e-46aa-b48f-de469e5390e7.pdf

SKLAROFF, Jeremy M. – **Smart Contracts and the Cost of Inflexibility**, 2017, University of Pennsylvania Law Review, vol. 166, disponível em: https://papers.ssrn.com/sol3/papers.cfm?abstract_id=3008899

STARK, Josh – **Making Sense of Blockchain Smart Contracts**, 2016, disponível em: https://www.coindesk.com/making-sense-smart-contracts

SUMMIT BLOCKCHAIN – **What are Blockchain Masternodes**, 2019, disponível em: https://summitblockchain.io/blockchain-masternodes/

SZABO, Nick – **Smart Contracts**, 1994, disponível em: http://www.fon.hum.uva.nl/rob/Courses/InformationInSpeech/CDROM/Literature/LOTwinterschool2006/szabo.best.vwh.net/smart.contracts.html

TENDON, Steve; GANADO, Max – **Legal Personality for Blockchains, DAOs and Smart Contracts**, 2018, in Revue Trimestrielle de Droit Financier, nº 1 (2018), disponível em: https://ganadoadvocates.com/wp-content/uploads/2018/06/rtdf2018_1_doctrine_tendon_ganado_tap.pdf

Uniform Law Commission – **Guidance Note regarding the relation between the Uniform Electronic Transactions Act and Federal ESIGN Act, Blockchain Technology and "Smart Contracts"**, 2019, disponível em: https://www.uniformlaws.org/HigherLogic/System/DownloadDocumentFile.ashx?DocumentFileKey=c5b10959-25c4-33d4-aa15-1981653c23f9&forceDialog=0

Uniform Law Commission – **How does an act receive final ULC approval?**, 2020, disponível em: https://www.uniformlaws.org/aboutulc/faq#How%20does%20an%20act%20receive%20final%C2%A0ULC%20approval?

U.S.SEC – **Report of Investigation Pursuant to Section 21(a) of the Securities Exchange Act of 1934: The DAO**, 2017, disponível em: https://www.sec.gov/litigation/investreport/34-81207.pdf

WERBACH, Kevin; CORNELL, Nicolas – **Contracts Ex Machina**, 2017, in Duke Law Journal, vol. 67:313, disponível em: https://scholarship.law.duke.edu/cgi/viewcontent.cgi?article=3913&context=dlj

WOOD, Gavin – **Ethereum: A Secure Decentralized Generalized Transaction Ledger Byzantium Version**, 2014, disponível em: https://gavwood.com/paper.pdf

ZETZSCHE, Dirk; BUCKLEY, Ross; ARNER, Douglas – **The Distributed Liability of Distributed Ledgers: Legal Risks of Blockchain**, 2017, in University of Illinois Law Review, vol. 2018, disponível em: https://illinoislawreview.org/wp-content/uploads/2018/10/BuckleyEtAl.pdf